租税理論研究叢書……………26

中小企業課税

日本租税理論学会 [編]

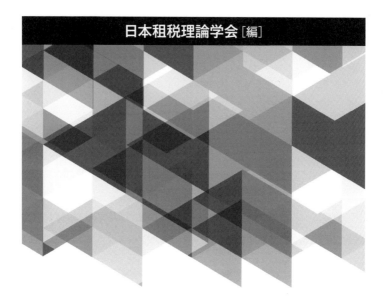

財経詳報社

「中小企業課税」をめぐって

　日本租税理論学会第 27 回大会は，2015 年 11 月 14 日（土），15 日（日）の両日，大阪経済大学において開催された。本書は，大会の特別講演，シンポジウムの報告と討論，および一般報告を収録したものである。

　2015 年度大会は「中小企業課税」をメインテーマにとり上げた。周知のように，中小企業がわが国の経済に占める比重はきわめて大きく，わが国の企業のうちの 9 割，就業者の 7 割，企業部門で生み出される付加価値の 5 割を占める（内閣府「日本経済 2015-2016」）。他方で，経常利益の面では 3 割にとどまっており，その経営環境は決して良好とはいえない。しかも，企業数は 1990 年代初めの 520 万社から 2014 年には 381 万社へと約 3 割減少している。こうした中で，中小企業の発展にとって租税政策や税務会計がどうあるべきかを問うことは，今日，重要な課題となっているといってよいだろう。

　中小企業をどう捉えるか。法律の定義や各種の統計調査における中小企業の取扱いの基準をみても，その内容・範囲はきわめて多義的である。そこには個人事業主から世界的に著名なベンチャー企業やニッチ産業のトップ企業まで，従業員規模でも「1～3 人」から「300 人以下」と実に幅広い。その意味で「中小企業課税」の問題領域は，個人課税と法人課税の関係，法人課税一般の問題の中での中小企業課税の位置づけ，中小企業支援税制と公平基準との係わり，国税法人税と地方法人課税のそれぞれのあり方，地方法人課税における外形基準のあり方や適用範囲，さらには消費税における中小企業に対する特例措置の問題などきわめて広い範囲に及ぶことにならざるをえない。

　大会における 4 つの報告は，上記の問題領域においてとくに検討の必要な重要問題に焦点を当てた貴重な研究成果である。

　田中治会員の「中小企業税制の現状と課題」は今回のテーマに関する総括的な論文であり，中小企業税制の総論的な検討から中小法人と法人税，中小法人と事業承継税制，中小企業と消費税，中小法人と地方法人課税など個別の税目における中小企業税制の取扱いとその課題について概括しており，中小企業課税の論点の大枠を整理した労作である。望月爾会員の「アメリカの法人税改革

とS法人課税」は一般の法人であるC法人以外にS法人，パートナーシップ，LLC，個人事業主など多様な事業体の存在を認めるアメリカの事業体課税のなかでとくにS法人（株主100人以下，発行株式1種類）に焦点を合わせて，アメリカにおける中小企業課税の特質を明らかにしようとした。梅原英治会員の「外形標準課税の中小企業への拡充問題の検討」は2004年度から実施された法人事業税への外形標準課税の実態を検証するとともに，2015・16両年度の税制改正により拡充された外形標準課税が法人間にどのような税負担の変動をもたらしたかを実証し，中小企業へのその拡充が「中小企業憲章」と両立せず，地域経済の発展にとっても障害になると指摘する。最後に，高沢修一・小山登・本村大輔会員の「中小企業会計基準の複線化に伴う公正処理基準の再検討」は，法人税法22条4項により法人収益の計算が「一般に公正妥当と認められる会計処理の基準」に従うとされているものの，企業会計がIFRSに呼応する形で多様化し，中小企業会計も同様に中小会計指針と中小会計要領に複線化する中で，公正処理基準の判定が租税判例に委ねられる結果となっていることに対して，その解釈はあくまでも企業会計の領域でなされるべきだと提案する。

　本大会はまた，昨年のテーマである「国際課税の新展開」を受けて，上村雄彦氏に特別講演（「グローバル・タックスの可能性を求めて」）をお願いした。氏は，現代資本主義が抱える病理として世界的規模で展開する格差の拡大とグローバル金融資本の膨張を指摘したうえで，グローバル累進資本課税と金融取引税という2つのグローバル・タックスの処方箋を検討し，技術面および政治面からその実行可能性について検討する。人類が直面する喫緊の課題を検討し，国際連帯の展望を示した報告は大変示唆の多いものであった。

　以上のほか，大会では，簱野顕一郎会員，桒田但馬会員より一般報告が行われた。いずれも力のこもった研究であるが，ここでその詳細を紹介することは省略せざるを得ない。ぜひ本書に収録された論文を参照していただきたい。

　なお，本大会の開催，運営にご尽力，ご奮闘をいただいた大阪経済大学・梅原英治常任理事，塚谷文武氏，漆さき氏と関係者の方々に心からの感謝と御礼を表明したいと思う。

鶴田廣巳（日本租税理論学会理事長・関西大学）

目 次

「中小企業課税」をめぐって ……………………………鶴田　廣巳　i

I　シンポジウム　中小企業課税

特別講演
グローバル・タックスの可能性を求めて ………上村　雄彦　3
——ピケティの格差理論と格差縮小の処方箋を中心に——
Examining Global Taxes as a Means to Tackle Inequality:
Piketty's Theory on Inequality and a Prescription for its Reduction:

1　中小企業税制の現状と課題 ………………田中　治　23

2　アメリカの法人税改革とS法人課税 ………望月　爾　46

3　外形標準課税の中小企業への拡充問題の
　　検討 ……………………………………………梅原　英治　69

4　中小企業会計基準の複線化に伴う公正処理
　　基準の再検討 ……………髙沢修一／小山　登／本村大輔　86

5　討　論　中小企業課税 ………………………………… 105
　　（司会）
　　　　菊谷正人／鶴田廣巳
　　（討論参加者）
　　　　梅原英治／菊谷正人／小山　登／髙沢修一／武石鉄昭／田中　治／
　　　　中村芳昭／松井吉三／松田周平／望月　爾／本村大輔／安井栄二

Ⅱ　一般報告

英国における相続税制度の特徴……………………簾野顕一郎　132

東日本大震災に伴う特別課税と災害対策の
課題……………………………………………………棄田　但馬　151

日本租税理論学会規約
日本租税理論学会理事名簿

■執筆者紹介（執筆順）

上村　雄彦（うえむら・たけひこ）　横浜市立大学国際総合科学群教授

田中　　治（たなか・おさむ）　同志社大学法学部教授

望月　　爾（もちづき・ちか）　立命館大学法学部教授

梅原　英治（うめはら・えいじ）　大阪経済大学経済学部教授

髙沢　修一（たかさわ・しゅういち）　大東文化大学経営学部教授

小山　　登（こやま・のぼる）　LEC会計大学院教授

本村　大輔（もとむら・だいすけ）　大東文化大学経営学部講師

簱野顕一郎（はたの・けんいちろう）　国士舘大学大学院博士課程

桒田　但馬（くわだ・たじま）　岩手県立大学総合政策学部准教授

I　シンポジウム

中小企業課税

2015年11月14・15日　第27回大会（於　大阪経済大学）

特別講演
グローバル・タックスの可能性を求めて
——ピケティの格差理論と格差縮小の処方箋を中心に[1]——

上 村 雄 彦
(横浜市立大学)

Examining Global Taxes as a Means to Tackle Inequality:
Piketty's Theory on Inequality and a Prescription for its Reduction:

Takehiko Uemura
(Yokohama City University)

はじめに

フランスの経済学者トマ・ピケティ (Thomas Piketty) によって執筆された『21世紀の資本』は，英語版で685頁にも及ぶ学術書であるにもかかわらず，世界中で数十万部売れ，ベストセラーとなった。この本は，長い歴史を遡って格差の実態を明らかにし，格差が拡大する構造を解明するとともに，格差を縮小させるための処方箋を提示したものである (Piketty 2014 [邦訳 2014])。

このような本がベストセラーになったということは，それだけ多くの人たちが格差に強い関心を持ち，あるいは格差を実感し，問題視し，何とかしなければならないと思っていることのあらわれであろう。

格差といえば，これまでは先進国と途上国の格差や一国内の格差が大きな問題となってきたが，グローバル化が進んだ今日，そのような格差に加えて，国単位を超えたグローバルな格差が顕著になっている。実際，世界ではわずか

0.14％の富裕層が,世界のすべての金融資産の 81.3％を所有し(Tax Justice Network 2012: 5),たった 62 人の金持ちが世界の所得下位層 36 億人分に相当する資産を保持している(Oxfam 2016: 2-3)。

　本論は,この格差・貧困問題について,ピケティの議論を手がかりにしながら,その解決策として提示されているグローバル・タックスを検討し,その有効性と実現可能性を考察するものである。

　本論では,まず格差に関するピケティの考察を紹介するとともに,グローバル化によって肥大化したグローバル金融資本の問題を浮き彫りにし,現代資本主義が内包する病理を明らかにする。続いて,その処方箋として,ピケティが提唱するグローバル累進資本課税とシュテファン・シュルマイスター(Stephan Schulmeister)らが提唱する金融取引税を取り上げ,その有効性を検討する。最後に,これらの実行可能性を技術面と政治面から吟味し,グローバル・タックスの今後の展望を試みたい。

I 現代資本主義が抱える病理

1 ピケティによる格差理論

　ピケティは,主として欧米における所得税や相続税などの納税申告記録を歴史的に遡り,データベース化した上で,各国の比較を行っている。そこで明らかになったことは,まず格差の歴史的変遷である。実は格差は最近になって顕在化した問題ではなく,いま以上に顕著な格差が第一次世界大戦ごろまで存在していた。つまり,それぞれの国において一部の富裕層が国富の相当部分を占有していたのである。たとえば,フランスでは上位 1％が国民所得の 20％以上を,上位 10％が 45〜50％を占めていた(Piketty 2014: 271 [邦訳] 282)。その大きな富の集中は両世界大戦を経て急速に縮小することとなる。しかし,1980 年ごろから格差は再び拡大し,現在は両大戦前の水準に戻りつつあるのみならず,このままではさらに格差は広がるとピケティは分析している。

　次に,格差拡大の原因についてピケティは,歴史的に見て,労働を通じて得る所得よりも,不動産収入や,株や債券などの金融商品を売買することによる利潤など,資本(資産)からの収益の方がはるかに大きいことを浮かび上がら

せている。これがかの有名な不等式「r＞g」で表現されている。rとは資本の平均年間収益率で，利潤，配当，賃料など資本からの収入をその資本の総価値で割ったもので，gとは経済成長率，すなわち所得や産出の年間増加率を指している（Piketty 2014: 25［邦訳］28）。歴史的に r は 4 〜 5 ％で推移してきたのに対し，g は戦後の一時期を除いて平均で 1.5％程度である（Piketty 2014: 353-355［邦訳］368-370）。したがって，この傾向が継続すれば，格差は自動的に拡大することになり，これが資本主義にビルトインされたメカニズムであることが示唆されている。

さらに，ピケティは資産がある程度の閾値を超えるとそれがさらなる富を増幅させる点も浮き彫りにする。すなわち，大きな資産を持つ少数の富裕層は，その資産を用いて有能な金融のポートフォリオ・マネージャーを高額で雇い，彼らに潤沢な資金を預けて，マネーゲームでさらに富を増やすのである。他方，そのような資産を持たない多数の人々は，実質的に低下するばかりの賃金で生活していかざるを得ず，両者の間で一層格差が広がっていると分析している（Piketty 2014: 430-455）。

第三に，ではどうすれば格差を縮小させることができるのかという問いに答えるために，ピケティはなぜ両大戦から 1970 年ごろまで格差の縮小が起こったのかという点について分析を行っている。彼が導出した答えは，戦争によるショックと進歩的な社会政策，特に累進課税の実施である。

アメリカやイギリスはいまでは新自由主義の権化となっているが，アメリカでは，1944 年の最高所得税率が実に 94％となり，1960 年代半ばまで 90％代で安定していた（Piketty 2014: 507［邦訳］529）。イギリスにおいても，1940 年代の最高の所得や遺産に適用される税率は 98％であり，これは 1970 年代にも再現された（Piketty 2014: 507［邦訳］530）。このような累進税制の実施と戦後の経済成長と相まって，欧米や日本では格差が大幅に縮小したというのがピケティの見立てである。

しかし，1979 年にイギリスでサッチャー政権が，1981 年にアメリカでレーガン政権が誕生して以来，新自由主義が経済，社会の基調となり，課税の累進性が急激に弱められ，格差は再び拡大する方向へと進んでいるのである。

2 肥大化するグローバル金融資本

さらに,『21世紀の資本』の中では大きくは取り上げられていないが,グローバル化が世界の隅々を覆うようになった現在,グローバル金融資本の膨張が急速に進んでいることは明記されねばならない。2012年の実体経済の規模（世界のGDP総計）が72.22兆ドル（8666兆4000億円。1ドル＝120円で計算。以下同様）であるのに対して,世界の金融資産の規模（証券・債券・公債・銀行預金の総計）は268.6兆ドル,さらにデリヴァティブの資産残高が2012年12月末の時点で632.6兆ドルで,合計すると901.2兆ドル（10京8144兆円）となり,実体経済の12.5倍に達した（上村 2014b: 78; 2015: 1）[2][3]。

この「マネーゲーム経済」とも「ギャンブル経済」とも呼びうるグローバル金融資本の中でも,とりわけ問題視されているのが高頻度取引（High-frequency trading）である。これは「自らの収益を最大化できるよう証券売買に関するルールや手順をあらかじめ定め,その計算式をプログラムの形でコンピューターに読み込ませた上で,実際に取引が始まると市場取引の一切をこのコンピューターによる自動制御に任せる取引形態を指す」（諸富 2015: 35）。これにより,たった1秒間に1000回以上の取引が行われ,わずかな差額で大金を稼ぎ取ることを可能にしている。

高頻度取引は,投資を通じて企業を支援し,その見返りに利益を得るという純粋な投資からはかけ離れた,金儲けだけが目当ての投機的な取引とみなすことができよう。諸富徹によると,この高頻度取引は,2009年のアメリカ証券市場の取引において,実におよそ70％を占めていた（諸富 2015: 35）。

このような状況は,巨額の金を動かして巨利を求めるマネーゲームが,世界経済を「支配下」に置いていることを意味している。このギャンブル経済の動きに,国や企業は逆らえない。なぜなら,ギリシャの例からもわかるとおり,逆らえば国債や株式が売りを浴びせられ,価値が暴落し,国家は経済破綻,企業は倒産してしまうからである（佐久間 2002: 113; 上村 2014a: 66; 2014b: 78; 2015a: 1-2）。

先述のとおり,この「マネーゲーム」に参加し,大きな利潤を得ているのは少数の富裕層や大企業であり,投資できる金額が大きければ大きいほど,利潤

も大きくなることを考えると，この膨張するマネーゲーム経済の抑制なしに，格差の縮小もあり得ないことが理解できるだろう。

Ⅱ グローバル・タックスという処方箋

1 グローバル・タックスとは何か

そこで，これらの格差や貧困問題の処方箋としてピケティらが提唱しているのがグローバル・タックスである。グローバル・タックスとは，大きく捉えればグローバル化した地球社会を一つの「国」とみなし，地球規模で税制を敷くことといえる。

具体的には，それは三つの議論を包摂する。まず，「漏れを防ぐ」議論，すなわちタックス・ヘイブン対策である。タックス・ヘイブンとは租税回避地のことであり，もっとも広い意味では，「外国人の居住者，金持ちの個人，企業などが，その本来の出自国において課税されるのを回避するために，自分たちのお金を預ける国々のこと」と定義される（Chavagneus & Palan 2006: 7, 11）。タックス・ジャスティス・ネットワーク（Tax Justice Network）によると，タックス・ヘイブンに秘匿されている資金は実に21兆ドル（2520兆円）～32兆ドル（3840兆円）に上る（Tax Justice Network 2012: 2）。いかにして資金の流れを透明にしてこの巨額の税金の漏れ（租税回避）を捕捉し，課税を行うことができるかというのが最初の議論の中心課題である。

次に，実際に課税を行う議論である。この観点から捉えると，グローバル・タックスは「グローバルな資本や活動に，グローバルに課税し，負の活動を抑制しながら，税収を地球規模課題の解決に充当する税制」と定義することができる（上村 2009; 2012; 2014a; 2014b; 2015a; 2015b）。

グローバル・タックスはさらに二つのタイプに分類が可能である。まず，「全面的」グローバル・タックスで，①グローバルに課税，②グローバルに徴税，③グローバルな活動の負の影響を抑制，④グローバルに再分配，⑤税収を地球規模課題解決に充当という項目をすべて満たす場合である。これは「全面的」グローバル・タックスと呼ぶことができるだろう。たとえるならば，グローバル社会に世界政府が存在し，一元的に課税，徴税，税収を再分配するイメージ

である。

　他方，①各国ごとに課税，②各国ごとに徴税，③各国ごとに納税するが，④税収の一部，またはすべてを超国家機関に上納し，⑤税収を地球規模課題解決に充当する場合，これを「部分的」グローバル・タックスと呼び，少なくとも④，⑤を満たす限り，グローバル・タックスとみなすことも可能である。世界政府が存在しない現在，現実的な構想はこちらに近い制度設計となり，本論で扱うグローバル累進資本課税も金融取引税もこの分類に入る。

　最後の議論は，課税，徴税，税収の分配を行うためのガヴァナンスを構築する議論である。とりわけ，グローバル・タックスの実施により，透明性，民主性，アカウンタビリティ（説明責任）を欠いた現在のグローバル・ガヴァナンスを変革する議論がその中核にある。

　本論では，焦点を特に二つ目の課税の議論に絞り，具体的にどのようなグローバル・タックスが構想されているのかということについて，ピケティが提唱するグローバル累進資本課税とシュルマイスターらが提唱する金融取引税の順で検討していく。

2　グローバル累進資本課税

　ピケティは，「r＞g」という資本主義にビルトインされた格差のメカニズムに抗し，格差を是正するために，グローバル累進資本課税（a progressive global tax on capital）を提唱している。資本課税とは，それぞれの個人が持っている資産の純価値に対しての課税であり，課税対象は「あらゆる金融資産の市場価値（銀行預金，株式，債券，パートナーシップなど，上場・非上場企業への各種の出資形態を含む）と非金融資産（特に不動産）の市場価値から負債を引いたもの」となる（Piketty 2014: 516-517 [邦訳 541]）。これは，「資本からの所得フローに対する各種課税（法人税など）や，資本ストックの価値に対する各種の税金（固定資産税，相続税，富裕税など）」を一元的に行うものと解釈することができる（Piketty 2014: 494 [邦訳 515]）。

　この税制を一国単位で実施すると，累進課税で重課を負う富裕層はそれを逃れるために資産を海外に移す。また，そもそも富裕層はすでに資産を世界各国

に分散させている。したがって，この税を有効にするためには，グローバルな協調と実施が不可欠となる。この世界中の国々で協調して行う資本課税を，ピケティはグローバル累進資本課税と呼んでいるのである。

具体的な税率と税収について，ピケティはグローバルなものは提示していないが，ヨーロッパを対象にした概算を以下のようにはじき出している。

たとえば100万ユーロ（1億3500万円。1ユーロ＝135円で計算。以下同様）以下の財産には0パーセント，100-500万ユーロなら1パーセント，500万ユーロ以上なら2パーセントという富裕税を考えよう。EU加盟国すべてにこれを適用したら，この税金は人口の2.5パーセントくらいに影響して，ヨーロッパのGDPの2パーセント相当額の税収をもたらす（カッコ内は筆者が挿入）。　　　　　　　　　　　　　　　　　（Piketty 2014: 528［邦訳］553-554）

つまり，ヨーロッパ加盟国限定でこれを実施すると，約370億ドル（4兆4400億円）の税収となる[4]。

この税収規模の大小について，ピケティは，グローバル累進資本課税の主要な目的は，国家の財源を賄うことではなく，資本主義を規制すること，すなわち，富の格差の果てしない拡大を止め，金融と銀行のシステムに対して有効な規制をかけることとしている（Piketty 2014: 518［邦訳 542-543］）。また，その意義について，ピケティは「果てしない不平等なスパイラルを避ける手段となるし，世界的な資本集中という困った動学を制御する方法にもなる」と主張している（Piketty 2014: 515［邦訳 539］）。すなわち，彼にとっては，グローバル累進資本課税による税収はあくまでも二の次であり，一番の目的は格差拡大を食い止める手立てを講じることなのである。

ただ，この税制によって具体的にどの程度格差の拡大を防ぐことができるかという点については，これ以上の言及はない。したがって，ピケティの提唱するグローバル累進資本課税の有効性は定かではないと切り捨てることもできよう。他方，ピケティが『21世紀の資本』を通して歴史的に実証してきた事実，すなわち，二つの世界大戦のショックに加えて各国が戦後実施したさまざまな累進課税（所得税，相続税を含む）が上位1％の富を劇的に減少させたという歴史的事実から，同様の効果がグローバルなレベルでも潜在的に見込まれるとい

う見方もロジカルには可能である。

ただし，前節で議論した肥大化するグローバル金融資本の抑制なしには，格差問題の解決は困難であろう。そこで，次にグローバル金融資本，特にその中核にある投機的な金融取引を規制しうる金融取引税について検討する。

3 金融取引税

シュルマイスターが提唱する金融取引税とは，あらゆる金融資産の「取引」への課税であり，ケインズ（株式市場），トービン（外国為替市場），あるいは過去に実施された有価証券税のように，特定の市場に限定するものではない(Schulmeister et al. 2008: 1; Schulmeister 2009: 2; 上村 2015a: 10)。

シュルマイスターは金融取引税を提唱する理由について，「まず，経済危機は株価，為替レート，一次産品価格の不安定さによって深められているが，この不安定さは金融取引税によって弱められる。次に，経済危機の結果，財政規律の強化の必要性が劇的に増しているが，金融取引税は政府に多大な税収をもたらす。最後に，実体経済に対する金融取引税の負の影響は，付加価値税の増加など他の税制に比して，ずっと小さい」と説明している（Schulmeister 2009: 1; 上村 2014b: 81-82; 2015a: 10)。

そして，金融取引税の税収について，0.1％，0.05％，0.01％というつの税率を設定し，同時に0.1％では75％の，0.05％では65％の，0.01％では25％の「取引量減少シナリオ」を想定し，試算を行っている。2007年をベースにすると，中程度の「取引量減少シナリオ」において金融取引税の税収は，0.1％で世界のGDPの1.688％，0.05％で1.205％，0.01％で0.527％となる。2007年のGDPが54兆3500億ドル（6522兆円）であることを考えると，もし主要な国々が金融取引税を導入した場合，0.01％で2860億ドル（34兆3200億円），0.05％で6550億ドル（78兆6000億円）という巨額の税収が見込まれることになる(Schulmeister 2009: 12-15; 上村 2015a: 11)。

さらに，同税の政策効果であるが，彼はそれを明らかにするために，「金融取引税に賛同する仮説」を以下のように整理している（Schulmeister 2009: 3-4; 上村 2015a: 10-11)。①現在の資産市場は短期的投機が支配しているため，過剰

な取引活動（流動性）が存在する。②最も喫緊の課題は，短期の資産価格の不安定さではなく，長期の不安定さである。なぜなら，短期の投機は資産価格の長期的な振動を生み，基本的な均衡点からの持続的な逸脱をもたらすからである。③為替レート，株価，利子率，一次産品価格の行き過ぎは，「企業に対する投機の優位」を促進し，経済成長と雇用を阻害する。④取引ごとの一律課税は，投機的な取引を短期間にすればするほど取引コストを上昇させるので，資産価格を安定的にする効果を与え，全般的なマクロ経済を改善する。

シュルマイスターはこれらの仮説が正しいかどうかを確認するために，金融市場における取引活動と価格ダイナミクス，ならびに資産価格の変動と金融危機に関して実証研究を行っている。その結果，①金融市場は過剰な流動性と短期のみならず，長期における過剰な価格変動性によって特徴づけられていること，②資産市場も過剰な流動性と過剰な価格変動性によって特徴づけられており，そのため株価，為替レート，一次産品価格の基本的な均衡点からの大幅で持続的な逸脱をもたらしていることを明らかにしている（Schulmeister 2009: 7-10; 上村 2015a: 11）。

この研究に基づき，シュルマイスターはこれらの負の影響をなくすための効果的な処方箋として金融取引税を提唱し，たとえば，金融取引税は取引が短期であればあるほどコストが高くなるので，超短期で長期的にも短期的にも市場に不安定をもたらす取引から発生する過剰な流動性を減少させると論じている（Schulmeister 2009: 12; 上村 2015a: 11）。

また，アメリカのブルックリン研究所と都市研究所が創設した租税政策センター（Tax Policy Center）は2015年6月に報告書を刊行し，きわめて保守的な機関であるにもかかわらず，金融取引税の有効性を浮き彫りにしている。まず，税収についてセンターは，「アメリカにおいて，最大で年間500億ドル（6兆円）の税収が得られる」ことを明らかにしている（Burman, et al. 2015: 4）。次に，金融取引税の「およそ75％の税負担は高所得層20％に，また40％以上が最高位1％にかかる」とし，この税がきわめて累進的だと主張している（Burman, et al. 2015: 38）。そして，巨額の税収と「投機とレントシーキングの負の影響を減少させ，金融業界が得てきた利益の一部を吐き出させ，業界が実体経済に押し

付けてきたコストを払わせる可能性を合わせて考えたとき，金融取引税は非常に魅力的である」と論じている（Burman et al. 2015: 39）。

つまり，これらの研究は，金融取引税は投機的な取引を抑制して市場を安定化させるばかりではなく，累進性が高いため，格差そのものを縮小させる可能性を示唆しているといえるだろう。もっとも，現実に金融取引税がどの程度投機を抑制し，格差縮小に貢献するかは，実際に実施してみないことにはわからない面もある。また，課税ベース，税率，税収の使途などについて，どのような制度設計を行うかによって，効果は大きく変わるだろう。しかし，理論的には金融取引税によって投機的な取引が抑制され，それによる富裕層の儲けが減少し，その税の累進制によって税負担の多くが富裕層にかかり，さらには税収を貧困層に再分配することができれば，論理的に金融取引税は格差の縮小に貢献しうるといえるだろう。

Ⅲ　グローバル・タックスは実現可能か？

以上のように，グローバル累進資本課税によって，少数の富裕層への富の集中が減少し，金融取引税によって富裕層の富の源泉の一つとなっている投機的取引を減少させ，両税の累進性，さらには税収の低所得者層や社会福祉への再分配を総合的に実施できれば，格差縮小に多大な貢献をする可能性が示された。

そこで，次に問題となるのが，グローバル累進資本課税や金融取引税が望ましいものだとして，果たしてそれは実行可能なのかということである。これを分析するためには，少なくとも技術面と政治面での実行可能性を見ておかなくてはならないだろう。

1　技術面

まず大前提として，両税ともグローバルな実施が望ましいが，それが困難であれば，少なくとも欧州連合（EU: European Union）など，地域レベルからでも実施が可能であることをピケティも，シュルマイスターも指摘していることをおさえておきたい（Piketty 2014: 515-516; Schulmeister 2009: 11）。

これを前提に，まずグローバル累進資本課税について必要な技術は，各個人

の資産情報について各国の銀行が自動的に交換できるシステムである。ピケティによると，このようなシステムは技術的にはすでに実施可能と論じている。その例として，固定資産税についてアメリカの多くの州で実施されている例を取り上げ，同じことをあらゆる金融資産に拡張するとともに，それをグローバルに実施するように持っていけばよいと主張する（Piketty 2014: 520-521 [邦訳] 545-546）。つまり，「国際レベルにまでこの種の銀行データ自動送信を広げ，納税者すべてに計算済みの資産一覧を発行するにあたり，そこに外国銀行で保有されている資産の情報も含めるようにする」ことが肝要であるとし，「これを実行するのに技術的な障壁はまったくない」と断言している（Piketty 2014: 521 [邦訳] 546）。

そして，その萌芽的な例として，アメリカが2014年7月から実施を開始した外国口座税務コンプライアンス法（FATCA: Foreign Account Tax Compliance Act）を取り上げている。FATCAとは，「あらゆる外国銀行は米国財務省に対し，米国納税者の外国保有銀行口座や投資や，その他彼らが利益を得そうな収入源すべてについて報告するよう定めたもの」である（Piketty 2014: 522 [邦訳] 547）。ピケティはFATCAが完全ではないことを指摘しつつも，これを軸にして国際協調を進めることで，グローバル累進資本課税が技術的に可能になることを示唆している（Piketty 2014: 522-524 [邦訳] 547-549）。

次に，金融取引税であるが，まず諸富はその実行可能性について，20年前までは困難であったが，現在の技術，インフラ，ガヴァナンスの進歩により，その可能性が格段と高まっているとして，以下のように論じている。

> 取引から決済までのプロセスがますます組織化され，標準化され，そして統一された公式的な手続きに則って実行されるようになってきたのである。しかも決済は，下記で説明するように，特定の事業団体の手によってますます集中的に遂行される傾向が強まってきている。こうして「事実上の標準（デファクト・スタンダード）」としての地歩を固めつつある決済システムを，金融取引税導入のためのインフラストラクチャーとして活用することにすれば，金融取引税の実行可能性は大いに高まることも明らかになってきた。

（諸富 2015: 46）

具体的に，彼が指摘しているのは，金融分野における二つの「革新」である。最初の革新は，多通貨同時決済銀行（CLS: Continuous Linked Settlement Bank。以下，「CLS 銀行」と呼ぶ）の創設である。これは，多通貨にまたがる為替取引を「受取通貨と支払通貨の同時決済システム」で決済することで，外為取引に固有の，時差にともなって発生する「決済リスク」を削減することを目的としている（諸富 2015: 46）。2002 年の操業開始時の決済対象通貨は円，米ドル，ユーロ，英ポンド，スイスフラン，カナダドル，豪ドルの 7 通貨であったが，現在では 17 通貨まで拡大している。この銀行の業務開始以来，各通貨ともその利用比率は一貫して上昇傾向にあり，外国為替取引業務がますますこの銀行の手で集中的に担われるようになりつつある（諸富 2015: 47）。

　第二の革新は，1973 年に設立された国際銀行通信協会（SWIFT: Society for Worldwide Interbank Telecommunications）である。諸富は，SWIFT が「世界各国の金融機関などに高度に安全化された金融通信メッセージ・サービスを提供する金融業界の標準化団体として自らを確立したこと」を第二の革新と呼び（諸富 2015: 48），以下のように論じている。

　　この団体によって先駆的に導入された情報伝達機能は，外国為替決済業務の発展にとって中核的な役割を果たし，それに従事するあらゆる事業者にとって，世界共通のシステムを利用できるメリットを提供してきた。そして，そのメリットが更なる会員数の増加をもたらし，発足当初は 15 ヵ国 239 金融機関で始まった業務は，いまや全世界で 212 ヵ国・地域における 1 万以上の金融機関を対象とするまでに拡がっている。SWIFT は，民間の金融機関の集合体として私的に運営されているにもかかわらず，外国為替決済業務における公共的なインフラとして，もはや欠くことのできない機能を果たしている。　　　　　　　　　　　　　　　　　　　　　　　　　　（諸富 2015: 48）

　諸富は，この「SWIFT に流れ込んでは出ていく電子情報を活用すれば，容易に，しかも低コストで 1 件 1 件の個別取引情報を入手できる」とし，「あとは課税当局に，SWIFT に対してそのような情報を請求する法的権限が与えられるか否か，という点が問題として残るが，この点がクリアーされれば，技術的には金融取引税を実行する障壁はもはや存在しない」と結論づけている（諸

富 2015: 50)。

ただし，金融取引に関しては，たとえば，ある国が他国の金融機関に課税した税をどのように徴税できるかという実務的障壁のような細かな技術的課題とともに，国際租税法の観点から国境を超えた取引に課税ができるかどうかという問題も指摘されているので，これらの課題は引き続き検討される必要がある（望月 2014）。しかし，最大の課題は，これらがすべて解決したとして，各国が実施に移すかどうかという政治的実現可能性である。

2 政治面

ピケティの著書により，グローバル累進資本課税については，かなり知られることとなったが，その具体的進展はこれからである。たとえば，フランスではフランソワ・オランド（François Hollande）政権が年 100 万ユーロ（1億3500万円）超の所得に 75％の高税率を課すと決めたものの，富裕層が猛反発し 2 年間の時限措置に修正した。[5] 日本政府は 50％だった相続税の最高税率を 2015 年から世界最高水準の 55％に，所得税の最高税率も 40％から 45％に上げたが，それに反発してキャピタルゲイン税も相続税もゼロであるマレーシア，シンガポール，ニュージーランド，香港に移住する日本人が増加している。実際にこれらの国や地域に永住する日本人は過去 10 年で 2 倍近くに増え，1 万 4000 人となっている。[6]

これらの事例は，グローバル累進課税の実施には，グローバルな協調が欠かせないことを明示しているが，その協調をいかに進めることができるのかがいま大きく問われている。

次に，金融取引税である。金融取引税の実現はきわめてむずかしい「夢物語」と考えられてきたが，2011 年 9 月 28 日に歴史の歯車が大きく回ることになる。この日欧州委員会は，EU 加盟各国に対し，欧州金融取引税を 2014 年 1 月に導入する EU 指令案を提示したのである。欧州金融取引税とは，EU 域内居住者である金融機関，または取引相手が EU 域内居住者である場合の EU 域外の金融機関等が行う株式と債券取引に 0.1％，デリヴァティブ取引に 0.01％を課すものである（EC 2011: 2-11; 上村 2013: 251; 2014c: 93; 2015a: 24; 2015b: 25)。

欧州金融取引税の主要な目的は，①金融セクターに公平な負担を求めること，②EU 各国間の関連税制の統一化を図ること，③金融市場の効率性を損なう取引を抑制すること，④各国の財政再建，ならびに EU 全体の共有財源を確保すること，⑤税収の一部を開発資金や気候変動に充当することである。予想される税収は 570 億ユーロ（7 兆 6950 億円）とされている（EC 2011: 2-11; 上村 2013: 251-252; 2014c: 93; 2015a: 24; 2015b: 25; 金子 2013: 127-128; 是枝 2012: 3, 5, 13）。

　欧州金融取引税については，政治的に厳しい鞘当てが続いていたが，2012 年 10 月に EU 財務相会議が開催され，金融取引税についてドイツ，フランスを含むユーロ圏 11 ヵ国が「強化された協力」の枠組みを用いて導入の意向を示し，同月欧州委員会がこれを承認，12 月に同委員会が欧州議会に提案し，圧倒的多数で採択された。そして，2013 年 1 月 22 日，11 ヵ国による金融取引税が欧州財務相会合で議論され，採択された（上村 2013: 252; 2014c: 95; 2015a: 24-25; 2015b: 26; 諸富 2015: 31）。

　もちろん，ここで「物語」が終わったわけではない。その後，イギリスは同年 4 月に欧州金融取引税は違法であると欧州司法裁判所に提訴し，EU 理事会の法案審査当局も 9 月にその違法性を指摘し，金融業界も猛烈な巻き返しを開始した（Schulmeister 2014; 上村 2014c: 95; 2015a: 25; 2015b: 26）。

　これに対し，2014 年 1 月 23 日に欧州委員会が反論を展開し，同年 2 月 19 日に開催された仏独首脳会合で金融取引税の早期採択を確認する一方，欧州司法裁判所は，イギリスの異議申し立てについて，これを棄却した。そして，5 月 6 日の欧州財務相会合で，金融取引税を遅くとも 2016 年 1 月 1 日までに先行導入することで合意に至った（上村 2015a: 25; 2015b: 26）。

　11 ヵ国金融取引税をめぐる一連の動向を，シュルマイスターは「科学的戦争であり，政治的戦争であった」と表現している（上村 2015a: 181）。すなわち，2011 年 9 月に欧州委員会が欧州金融取引税の指令案を提示したのは，金融業界にとってはまったく「寝耳に水」であったが，その後着々と「武器」や「弾薬」を準備し，一斉攻撃を始めたのだと。具体的には，まずは金融ロビーが中央銀行，学界に働きかけ，金融業界全体でしっかりとタッグが組まれ，次にこ

れらがタイミングを見計らい，相互に協調しながら，最も効果が出るようなやり方で「総攻撃」を仕掛けたというのである（上村 2015a: 181）。

　その中で，彼が「科学的戦争」と呼んだのは，とりわけゴールドマン・サックスの研究者たちによる「攻撃」である。いわく，「『金融取引税は有害である』との初めから決まっている結論を，いわゆる新古典派経済学の美しい数学モデルを使って『実証』し，もし11ヵ国による金融取引税が実施されれば，フランスではこれだけの銀行が，ドイツではあれだけの銀行が倒産すると『科学的に』脅す」，あるいは「国際決済銀行（BIS）にも十分な統計がなく，少々知識がある政治家にも理解が困難なレポ取引の話を持ち出し，『金融取引税をやればレポ取引は大いに悪影響を受けるが，あなたはその責任をとれるのか』と詰め寄る」というようなことを執拗に行ったというのである（上村 2015a: 181-182）。

　シュルマイスターは「彼らは学者としての魂を金融業界に売り渡したのか」と批判しているが，その「戦争」のせいで，金融取引税の内容が薄まったのも事実である。これらの結果，11ヵ国による金融取引税は段階的に導入されることとなり，当初は，株式，債券，デリヴァティブ取引に課税される予定だったものが，第一段階では課税対象から債券は除外され，デリヴァティブに関しても一部の取引に限定される見通しとなっている（上村 2015a: 182）。

　その後，2014年11月7日に開催された欧州財務相会合で，「上場企業の株式取引は課税対象とすべきことに合意したが，一部デリヴァティブはさらなる検討が必要」との声明が出され，以上のことが確認された。他方，欧州委員会「経済金融問題・税制・関税担当（閣僚級）」のピエール・モスコビシ（Pierre Moscovici）は，2014年12月23日に，金融取引税反対を訴えた金融業界による欧州委員会への書簡に関する市民社会からの質問に対して，「欧州委員会は第一段階での野心的な金融取引税の合意に至るよう，11ヵ国を励ましていく」との書簡を市民社会のメンバーに送っている（上村 2015a: 182）。

　この背景には，金融業界と市民社会の金融取引税をめぐる「政治的戦争」に加えて，少しでも金融取引税の内容を弱めたいフランスと，税率を下げてでも，より幅広い取引へ課税をすべきと考えるドイツ，オーストリア，小国との「政

治的戦争」がある（上村 2015a: 182）。ただし，2015年後半に入り，フランスはより幅広い取引への課税をサポートする立場に態度を変え，ギリシャ危機や移民問題などで議論が遅れたものの，2017年の導入をめざして議論は進んでいる。

実際，2015年12月にEU11ヵ国財務相会議が開催され，エストニアを除く10ヵ国が金融取引税を導入することで大筋合意した。税率など詳細は時間をかけて決定する予定であるが，上述の金融業界のバックラッシュもあり，現在も予断を許さない状況にある。

これらに鑑みると，金融取引税の実現を考える上で，政治の重要性が浮かび上がる。EU数ヵ国の実施でさえもこれだけの対立があるということは，グローバルに実施をしようと思えば，まさに「世界戦争」とでも呼べるほどの大きな対立が起こることは間違いない。このような「戦争」をいかに最小限にしながら，金融取引税などグローバル・タックスを実現させることができるかというテーマは，この研究分野の重要な射程であり，今後に残された課題である（上村 2015a: 182）。

おわりに

これまで，格差を惹起する原因として，ピケティが提示する「r＞g」ならびに，グローバル金融資本の膨張を浮き彫りにし，その処方箋として前者に対してはグローバル累進資本課税，後者に対しては金融取引税を検討してきた。その効果については，前者についてはピケティの歴史的分析から，後者についてはシュルマイスターと租税政策研究センターの研究から考察を試みた。どちらの税についても，必要なことはグローバルなレベルでの各国の協調とさまざまな政治的対立を克服していく工夫であることが明らかになったと思われる。

その意味で，現在欧州で進められているユーロ圏10ヵ国による金融取引税がどうなるのかということについては，詳細なフォローが欠かせない。また，本論で考察したFATCAの実施状況と効果についても継続的なモニターが必要であろう。

日本でも2015年7月に就任した中原広国税庁長官は富裕層の課税逃れなど，

国際租税回避対策を国税庁の中心課題として掲げ，具体策の一つとして同月，出国時課税制度，いわゆる「出国税」を開始した。これは，1億円以上の金融資産を持ち，直近10年のうち5年以上日本に居住していた人が海外移住する際，保有株式の含み益に所得税を課すものである。ただし，5年以内に帰国した場合は，課税を取り消す[7]。この税制によって，富裕層の海外移住のインセンティブを下げようとする日本政府の試みは注目に値するだろう。

　さらに，2009年4月に金融取引税を含めて日本発グローバル・タックスの実現を検討するために，国会議員，研究者，NGO，労働組合，金融業界など多様なステークホルダーに，財務相，外務省，環境省，世界銀行がオブザーバーとして加わった国際連帯税推進協議会（座長：寺島実郎・多摩大学学長。別名第一次寺島委員会）が創設されたことも一つの画期である。協議会は2010年9月に最終報告書を日本政府に提出した後休眠状態にあったが，欧州での金融取引税の進展を受けて，2014年10月に名称を新たにグローバル連帯税推進協議会（第二次寺島委員会）と変えて再始動した。この協議会は2015年12月までにすでに8回開催され，同年12月に最終報告書を刊行している（グローバル連帯税推進協議会 2015）。

　報告書は，まず地球規模課題に必要な資金が年間130兆円であるのに対して，グローバル・タックスを全部実施した場合の税収見込みが292兆円であると試算し，グローバル・タックスの有効性を浮き彫りにしている。次に，グローバル連帯税の定義と課税原則を明確にし，業界からの反対論に対する理論武装を行っている。続いてグローバル連帯税のガヴァナンスとして，実施国と納税先の国際機関のガヴァナンスを描き，具体的な課税を一つひとつ論じている。その上で，技術的実行可能性と政治的実施可能性について言及し，日本政府への提言で結んでいる。最大のポイントは，段階的アプローチ，すなわち，まず1ヵ国でも導入できる航空券連帯税を日本で実現させ，続いてヨーロッパ10ヵ国と協調しつつ，金融取引税を日本が導入するという点にある。

　2016年5月に最終報告書は政府に提出されたが，これが政府にどの程度のインパクトを与えることができるのか。このような現実の動きをフォローしつつ，さらなる理論的研究を深め，これらを融合させることを通じて，グローバ

ル・タックスの可能性は明らかになっていくことだろう。

　格差拡大のメカニズムをビルトインしている現代資本主義の中で，グローバル金融資本の膨張がさらなる拡大を加速化していることに鑑みるならば，資本主義自体を根本から軌道修正し，金融資本の肥大化を止めることは喫緊の課題である。その意味で，グローバル累進資本課税と金融取引税は，注目してもしすぎるということはないのである。

参考文献
上村雄彦（2009）『グローバル・タックスの可能性―持続可能な福祉社会のガヴァナンスをめざして』ミネルヴァ書房。
上村雄彦（2013）「金融取引税の可能性―地球規模課題の解決の切り札として」『世界』，2013年6月号，248-256頁。
上村雄彦（2014a）「グローバル金融が地球共有財となるために―タックス・ヘイブン，「ギャンブル経済」に対する処方箋」日本国際連合学会編『グローバル・コモンズと国連』（『国連研究』第15号』）国際書院，2014年6月，57-85頁。
上村雄彦（2014b）「金融取引に対する課税とグローバル・ガヴァナンスの展望―グローバルな不正義を是正するために」『横浜市立大学論叢』第65巻，人文科学系列第2・3合併号，77-104頁。
上村雄彦（2015a）「金融取引に対する課税に関する諸構想の比較分析―」上村雄彦編著『グローバル・タックスの構想と射程』法律文化社，1-30頁。
上村雄彦（2015b）「グローバル・タックスと気候変動―いかにして気候資金を賄うか」『環境研究』，vol. 178，18-31頁。
上村雄彦編著（2015）『グローバル・タックスの構想と射程』法律文化社。
グローバル連帯税推進協議会（2015）「持続可能な開発目標の達成に向けた新しい政策科学―グローバル連帯税が切り拓く未来」『グローバル連帯税推進協議会最終報告書』
佐久間智子（2002）「日本に住む私たちは，WTOをどう捉えたらよいのか」ジョージ，スーザン『WTO徹底批判！』（杉村昌昭訳），作品社，107-118頁。
望月爾（2014）「国際連帯税の展開とその法的課題― EUの金融取引税を中心に―」『租税法研究』第42号，51-73頁。
諸富徹（2014）「ピケティの『グローバル富裕税』論」『現代思想』（1月臨時増刊号），vol. 42-17，114-128頁。
諸富徹（2015）「EU金融取引税の制度設計と実行可能性」，上村雄彦編著『グローバル・タックスの構想と射程』法律文化社，31-53頁。
Burman, Leonard E. et al. (2015) *FINANCIAL TRANSACTION TAXES IN THEORY AND PRACTICE*, Tax Policy Center.
Chavagneux, Christian and Ronan Palan (2006) *Les paradis fiscaux*, Paris : La Découverte（クリスチアン・シャヴァニュー，ロナン・パラン（2007）『タックス・ヘイブン―グロー

バル経済を動かす闇のシステム』（杉村昌昭訳），作品社。
EC（2011）Proposal for a COUNCIL DIRECTIVE on a common system of financial transaction tax and amending Directive 2008/7/EC. 2011/0261（CNS）.
EC（2012）TECHNICAL FICHE: MACROECONOMIC IMPACTS.
Oxfam International（2016）"AN ECONOMY FOR THE 1 %: How privilege and power in the economy drive extreme inequality and how this can be stopped", 210 OXFAM BRIEFING PAPER, https://www.oxfam.org/sites/www.oxfam.org/files/file_attachments/bp210-economy-one-percent-tax-havens-180116-en_0.pdf, last visited on 21 June 2016.
Piketty, Thomas（2014）*CAPITAL in the Twenty-First Century*, Cambridge, Massachusetts, London, England: The Belknap Press of Harvard University Press（トマ・ピケティ（2014）『21世紀の資本』山形浩生，守岡桜，森本正史訳，みすず書房）.
Schulmeister, Stephan, Margit Schratzenstaller and Oliver Picek（2008）"A General Financial Transaction Tax: Source of Finance and Enhancement of Financial Stability", Presentation at the EUropean Parliament in Brussels on April 16, 2008.
Schulmeister, Stephan（2009）"A General Financial Transaction Tax: A Short Cut of the Pros, the Cons and a Proposal", *WIFO Working Papers*, No. 344.
Schulmeister, Stephan（2014）"The struggle over the Financial Transactions Tax: a politico-economic farce", a paper presented at the 11th Euroframe Conference on Economic Policy Issues in the European Union in Paris on June 6, 2014.
Tax Justice Network（2012）"Revealed: global super-rich has at least $21 trillion hidden in secret tax havens", http://www.taxjustice.net/cms/upload/pdf/The_Price_of_Offshore_Revisited_Presser_120722.pdf , last visited on 10 November 2013.
Uemura, Takehiko（2012）"From Tobin to a Global Solidarity Levy: Potentials and Challenges for Taxing Financial Transactions towards an Improved Global Governance", *Économie appliquée*, Tome LXV – No. 3 – September 2012, pp. 59-94.
United Nations（2012）*World Economic and Social Survey 2012: In Search of New Development Finance: Overview*, http://www.un.org/en/development/desa/policy/wess/wess_current/2012wess_overview_en.pdf, last visited on 24 July 2015.

注

1）本論は，上村雄彦（2015）「世界の貧困問題をいかに解決できるか—グローバル累進資本課税と金融取引税の有効性」『アジェンダ』第50号，48-61頁をもとに，加筆・修正したものである。
2）総務省統計局「世界の統計」http://www.stat.go.jp/data/sekai/zuhyou/0301.xls（2012年6月9日閲覧）。
3）Bank for International Settlements（BIS）http://www.bis.org/statistics/derstats.htm（2014年8月20日閲覧）。ちなみに，同じくBISによると，2013年12月末時点でのデリヴァティブの取引残高は，710兆ドル（8京5200兆円）となっており，ギャンブル経済

がさらに膨張していることがうかがえる。
4) International Monetary Fund, World Economic Outlook Databases, http://www.imf.org/external/pubs/ft/weo/2015/01/weodata/weorept.aspx?sy=2014&ey=2015&sort=country&ds=.&br=1&pr1.x=7&pr1.y=4&c=998&s=NGDPD&grp=1&a=1（2015年7月17日閲覧）。ピケティの税に比して課税対象が超高所得者になるが，同類の税として，国連も2012年に『世界経済社会調査』を刊行し，10億ドル（1200億円）以上の富を持つ個人に1％の税金を課す国際億万長者税（International billionaire's tax）を提案している。そして，税収は400億ドル（4兆8000億ドル）から500億ドル（6兆円）と試算されている（United Nations 2012: 7）。
5) 『日本経済新聞』，2015年7月26日。
6) 『日本経済新聞』，2015年7月26日。
7) 税理士ドットコム，2015年7月27日．http://headlines.yahoo.co.jp/hl?a=20150727-00003450-zeiricom-bus_all（2015年7月27日閲覧）。

1 中小企業税制の現状と課題

田 中　　治
（同志社大学法学部教授）

I　はじめに

本稿の問題関心ないし検討対象は次のようなものである。

第一に，中小企業税制をめぐる基本的な論点として，法的な見地から，総論的な課題は何かを考察する。①公平の観点からみた税制のあり方をどう考えるか，②所得課税における課税単位として，とりわけ法人課税と個人課税との関係をどう考えるか（法人税の課税根拠，累進税との関係など），③地方税における応益課税の主張とそれを根拠とした制度設計は妥当かどうか，④税制における事務負担の軽減の要請と実体的租税負担の適正さの要請との衝突をどのように考えるか（消費税の免税点，簡易課税）を検討する。

第二に，個別の税目において，中小企業に関して設けられている仕組みのうち，特に問題となる制度や考え方に絞って，その当否や改革の方向性を検討する。税目としては，法人税，相続・贈与税，消費税，法人住民税，法人事業税を取り上げる。

なお，紙数の関係上，検討の対象は必ずしも網羅的ではなく，また概括的な叙述にとどまらざるを得ないことをあらかじめお断りしたい。

II　税法における中小企業の位置と実態

「中小企業」については，これを規律する立法の趣旨，目的からみて種々の定義が可能である。

法人税法は，例えば軽減税率適用に関して，普通法人のうち資本金が1億円以下のものと定義する（法税66条2項，6項等）。

経済産業省等の調査によれば，2012年2月の我が国の企業者数は412万者で，そのうち99・7％が中小企業，86・5％が小規模企業者である[1]。また，2011年の中小企業白書は，中小企業の数は全企業数の99・7％を占め，その従業者は約2780万人で我が国の雇用の7割を占めるとし，また，国民総生産の約2割を占める製造業においても，中小企業は約48兆円と製造業付加価値額の約5割を占め，我が国経済を支える大きな存在であるとする[2]。

Ⅲ　検討視角の限定

　第一に，企業全体に占める中小企業の割合が極めて大きいところから，中小企業税制は税制全般の問題と密接な関係を持っているが，本稿は，税制全体あるいは個別税目の課題を広く検討するものではない。本稿は，関連する税目の基本的な性格や特性を意識しつつ，税法が中小企業に関して，企業の規模等に応じて，特別の，異なる取扱いをする仕組みを取り上げて，その根拠や妥当性を検討するものである。

　第二に，中小企業に対する種々の支援措置としては，税制によるもの以外に，直接的規制の強化や緩和等を内容とする関連法制の整備をはじめ，融資，補助金給付，政府保証などの経済的手法の導入がある。中小企業税制はそれらの諸措置の一つにすぎない。本稿においては，これらの他の諸措置との関連については，事業承継税制においてごく簡単に触れるにとどまる。

　第三に，税制の評価においては，改正の歴史の把握とその評価が不可欠であろう。とはいえ，税制の改正史において，中小企業課税という明確な区分があるわけではなく，一定の規模等の要件の下に，所定の中小企業に対して，税負担が軽減され，あるいは誘導措置の利用が認められてきたといってよいであろう。

　さしあたり，昭和25年のシャウプ税制改革から昭和62年，63年の抜本的税制改革を経て我が国の税制の基本的考え方や仕組みが大きく変容してきた（直接税中心主義から間接税（消費税）への依存の高まり，総合累進課税の緩和，新自由主義による規制緩和・自由競争の強調など）という大きな歴史の変化を前提とすることから始める以外にない。また，平成12年の中小企業基本法の改正が示

すように，近時，中小企業税制がますます政策税制としての性格を強く帯びつつあるという現状を意識することにとどめざるを得ない。[3]

IV 総論的な検討課題

1 税制の政策的利用と課税の公平

一般に，中小企業税制は，中小企業を課税上優遇し，これにより課税上の利益をもたらすものである。まず第一に，中小企業に対する優遇措置が憲法の平等条項（14条1項）に反しないかどうかが問題となる。

第一に，一般論としては，中小企業の担税力に即して税負担を軽減することは，課税における平等取扱いの原則に反するものではない。そうではなく，実質的公平の要請に沿うものということができる。

第二に，政策的な目的実現のために税制を使うことについては，一面では，それが担税力を無視して特定の者に特別の利益を与えることによって公平の要請を損なうことは明らかであるところから，税法学の立場からは，慎重であるべきだとする考え方が強い。また，その場合，一定の措置が憲法に反するかどうかは，個別に判断されるべきであって，当該措置の政策目的が合理的かどうか，当該措置がその目的を達成するために有効かどうか，それによって公平負担がどの程度に害されるか等の諸点を考察する必要があるとされる。[4]

中小企業税制はしばしば政策税制と評されるが，中小企業の発展等の政策的な目的のために税制を用いることの是非については，単に，当該税制の効果の存否やその程度で判断されるべきではないと考える。それは，租税の存在理由ないし租税の基本的な役割に関わるものだからである。租税は，もともと社会全体で支えるべき共同の事業を遂行するために，その費用を公平に負担する仕組みである。租税は経済活動の結果として得られる成果に対して課される。その意味において，租税は，経済活動の成果を対象として，応能負担原則に基づき，国民がその負担を配分することを基本的な役割とするものといえよう。そうであるとすれば，租税は，市場における諸活動への誘因，誘導のために第一次的な役割を果たすべきものとはいえず，また，仮にその役割があったとしても，例外的，補助的なものにとどまるべきであろう。このように考えると，中

小企業税制に関しても，その存在理由と対象は厳格に検討されるべきであろう。

2 法人税の法的性格—法人擬制説か法人実在説か

　法人税の性格をどのように考えるかについては，諸説ある。一つは，現行制度の基礎をなした昭和25年のシャウプ税制が採用した法人擬制説である。これは，法人は株主の集合体であり，法人税は株主が負担すべき所得税の前払であるとする考え方である。この考え方の下で，①法人税率の単一性，②他の法人からの受取配当の益金不算入，③所得税における配当控除，④社内留保所得に対する累積課税，⑤譲渡所得の全額課税と譲渡損失の全額控除などの諸制度が立法された。この制度においては，法人所得に対して法人税を課し，さらに個人の配当所得に課税をすることは二重課税だと考える。このような法人擬制説の考え方と制度は，その後種々の修正を受け，当初の整合性や体系性を相当程度失っている。とはいえ，このような考え方は，なお我が国の法人税制の基礎を占めるといってよいであろう。

　二つは，法人実在説である。法人税は，法人独自の担税力に着目して課される独自の課税であるとするものである。この考え方の下では，上記の二重課税は生じない。法人企業の社会的存在からみて，応能負担原則に基づき，法人所得についても超過累進税率を課すべきだとの主張もある[5]。この考え方は，専ら原理論ないし立法論の見地からの考察ということができる。

　多くの国では，アメリカなど若干の国[6]を除いて，法人擬制説的な考えに立って，二重課税を排除する観点から，法人税と所得税を位置づけている。我が国の所得課税の歴史からみれば，今日においてもなお，法人擬制説ないし法人擬制説的な考え方に立って制度の体系性，整合性，合理性をまず検討する以外にないのであろう[7]。我が国の法人課税の基本設計図をこのように理解する限り，それに従って制度を作るとともに，理論そのものの現実妥当性を検証することが必要になると思われる[8]。中小企業税制を考察するにおいても，このような視点が重要になると思われる。

　法人税の性格論と転嫁の事実の有無との関係は興味深い。確かに，法人税が取引の過程で転嫁されている事実があるとすれば，法人税が所得税の前取りで

あるという考え方の根拠が弱まる。しかしながら，そもそも法人税は，租税論の位置づけでは，間接税ではなく，直接税である。立法者はおそらく法人税の転嫁を予定していないはずである。この点は，今日の消費税とは対照的である。法人税の転嫁はおよそ予定されているものではない（さらにいえば，事実上，経済的にみてもその正当性は全くない）とすれば，消費税において税負担の適正な転嫁をいうこととの対極として，法人税を転嫁する行為に対しては国が転嫁を抑制し防止する措置をとることも，その効果はともかく，十分考慮されるべきであろう。

　次に問題となるのが，法人と個人事業者との課税上の均衡をどう考えるかである。なお，本稿で触れる余裕はないが，これ以外の多様な事業体についても，所得が誰に帰属するかによって，租税負担に差異が生じるため，関係者に対してどのような税制を設けるかが問われることになる。

　いわゆる法人成りをめぐって，法人と個人事業者との課税上の均衡を図る観点から，かつて「みなし法人課税」（旧税特措25条の2）の制度が存在した（昭和48年に導入され，平成4年末で廃止）。この制度は，事業所得は資産勤労結合所得であるとの理解の下，事業所得を事業主報酬部分とその他の部分に分け，前者を給与所得として，後者を法人所得に類したものとしてそれぞれ課税するものであった。しかしながら，この制度は，事業主報酬に給与所得控除を適用することは二重控除ではないか，納税者は各種の考慮の下，法人形態を選択しているにもかかわらず，個人形態を選びながら，法人形態のメリットを享受することはおかしいのではないかなどの批判が高まり，平成4年度をもって廃止されるに至った。[9]

　また，これも過去の制度であるが，特殊支配同族会社に対する，業務主宰役員の役員給与のうち給与所得控除額相当分の損金不算入の制度も存在した（旧法税35条）。平成18年の制度導入の際には，オーナー役員（業務主宰役員）による一人会社（特殊支配同族会社。オーナーとその同族関係者が90％以上の株式を所有している会社）は，その実態が個人事業者と実質的に変わらないにもかかわらず，法人段階と個人段階で経費が二重控除されるとして，特にその弊害が大きい給与所得控除額相当分について損金算入を原則として制限することとし

たと説明される[10]。とはいえ，この制度については，中小法人の反対も強く，平成22年度税制改正において廃止された。

第一に，そもそも，個人事業の形態の場合の税負担と法人の形態の場合の税負担との均衡を図るべきかどうかという問題がある。

法人がたとえ株主である者を雇用した場合でも，被用者が提供した役務に対して給与を支払い，その費用を損金に算入するのは当然である。また，当該給与の受給者に対して所得税が課され，その結果として，受給者に給与所得控除が適用されるのも当然である。このように考えうるとすれば，両者は，それぞれ別の論理で動く「事業体」であって，法人形態による場合において，経費の二重控除，給与所得控除の二重控除なるものは存在しない，というべきであろう。この意味で，上記の特殊支配同族会社に対する役員報酬の一部損金不算入制度は，合理性を欠いているとの批判が可能であろう。

なお，しばしば，法人成りについては，税の軽減だけを目的とした法人成りが多いとか法人成りを濫用した税逃れが横行しているとかの主張がなされる[11]。そのような主張の基礎にある事実をどう正確に認識するか，濫用とは何をいい，どのような基準で判断するのかなど，明確で冷静な検討が望まれる。

第二に，このように考えてもなお，両者の税負担の均衡を求めるべきであるとするならば，個人事業者と一定の範囲の法人とが，その事業実態において同一である限りにおいてであろう。その場合，現実論としていえば，おそらく，上記のみなし法人課税のような形ではなく，その反対に，個人事業者と同一の事業実態にある一定の範囲の法人を個人とみなして課税する方法もありうるであろう[12]。特に小企業については，それが個人事業と同一視できる状態である場合には，その事業から生じる所得を直接的に個人に帰属させることは現実的，合理的なことかもしれない。

3 課税の根拠と応益税的説明の当否

とりわけ地方税（事業税等）については，行政サービスに対応する応益的な税であるとして，応益税的説明がしばしばなされるが，その根拠と意味を問うことが重要だと考える[13]。

第一に，応益負担や応益性の主張は一見するともっともなように見えるが，その法的根拠はどこにあるか。地方税法においては，応益に基づき課税するという考え方は明文上採用されているとはいえず，その旨を定める税目はごく例外的な存在でしかない（例外的なものとして，当該事業や施設より特に利益を受ける者に対するものとして，水利地益税，共同施設税がある（地税703条，703条の2））。

　第二に，租税はもともと社会全体で支えるべき公共事務（道路港湾等の社会資本，あるいは警察，消防等の基幹的な生活環境の維持など）を賄い，不特定多数の利益の実現を図るものであり，また，およそ公行政である以上，国民や住民に利益を与えない行政サービスはありえないとするならば，租税およびこれを基礎とする財政支出は，社会全体の支え合いの仕組みというべきである。このように考えるならば，租税およびこれを基礎とする財政支出は，市場の論理とは異なり，基本的に，個人段階における特定の受益の存在とそれに対応する対価の支出を予定するものではない。

　第三に，応益負担の考え方は，なぜ人は税を負担するかという課税の一般的な根拠論としては妥当したとしても，租税負担の配分基準を導くことはできない。もし応益原則を租税負担の配分原則として用いるのであれば，まず何よりも，特定の個人が行政サービスから受ける排他的な利益を具体的に算定しなければならない。とはいえ，これは不可能に近いものであろう。

　たとえ，個々人の利益の享受を種々の外形基準（資本金，売上高，従業員数など）でもって推認するという方法がありうるとしても，その概算値をもって納税者が受けた「利益」といいうるかどうかは疑問である。また，その概算値が納税者の実際の担税力と大きく乖離する場合には，簡素ではあるが，強引な税制となるであろう。

　第四に，応益負担の考え方に類似しているものとして，負担分任の考え方があるが，両者は明確に区分されるべきであろう。[14] 負担分任の考え方は，地方団体の構成員としての一般的な受益に対応するものとして，いわば会費に類似したものとして租税を広く分担することが望ましいと考えるのであろう。その理念は，あるいは住民の積極的な自治意識の表れとして，あるいはその発露を促

すものとして，位置づけることができるのかもしれない。もしそうであるとすれば，この考え方は，地方自治の本旨の具体化を図るものとして，それなりの意義を認めることができるであろう。

その場合，そのような負担分任の考え方と応能負担原則との関係が問題となる。応能負担原則からすれば，所得税と住民税でそれぞれの課税最低限を異にする理由はない，均等割は累進の度合いを損なうもので好ましくない，などの批判が可能となるからである。いずれの考え方においても憲法上の根拠を持ち出すことが可能である（地方自治の本旨または平等条項）が，応能負担原則に軸足を置きつつ，可能な限りそのいずれをも満たすように，制度設計をすることが求められるのであろう。

4 事務負担の軽減と実体法上の税負担の適正性確保との関係

税制上，中小企業の事務処理能力を考慮し，簡便な処理方法の選択等を認めることなどは，合理的な範囲で認められるべきであろう。

消費税法においては，事務負担を考慮して，中小企業に対する負担や手続の緩和，軽減措置として，小規模事業者に対する免税点制度（消税9条）や簡易課税制度（消税37条）が存在する。ところが，これらの制度は，しばしば実体税法上の観点からする益税論の批判にさらされる。

第一に，立法者は，手続法の要請と実体法の要請とを総合考慮した結果，小規模事業者の事務負担を軽減する等のために，実体税法上の税負担の正確な算定という要請を上回って，手続法上の負担軽減を優先したものというべきであろう。そうであるとすれば，これらの制度に該当し，あるいはこれらを選択した者は，実体税法上の本則課税に照らして不合理で，不公平だという批判は，一面的すぎる。

第二に，これらの制度に対する実体税法からする批判は，消費税法上の規範的意味（権利義務論）を無視したかなり感覚的なものが多いことに注意が必要である。「益税」の意味は論者によって異なるが，通例，それは事業者が消費者から預かった消費税相当額を国庫に納入しないことをいう。しかしながら，法的には益税論は成立しない。消費税法上，納税義務者は事業者である（消税5

条)。消費税を支払うのは事業者のみであって、消費者がこれを支払うことは法律上はありえない（俗に、消費者が「支払う」という向きが多いが、この表現は誤りである。消費者は、消費税を「負担する」ことができるにすぎない）。消費者は、事業者に消費税相当額を預ける義務もなく、事業者はこれを預かる義務もない。自由な市場取引において、事業者と消費者との間で、本体価格と消費税相当額とが別々に（本体価格＋税額）授受されるのではない。それらが渾然一体となって両者の合意で価格が形成され、両者はこの価格に合意をして取引をする。[15]

なお、課税計算上は、「仮受」、「仮払」という勘定名であたかも消費税を消費者または別の事業者からから受け取った、あるいは別の事業者に支払ったかのような処理をするが、これはあくまで課税技術上の便宜であるにすぎない。これは、売上げに係る消費税額から仕入れに係る消費税額を控除し、納付すべき消費税額を導くための観念上、技術的な処理方法でしかない（一見すると、売上げに関して相手から100％の消費税額を受け取り、仕入れに関して相手に100％の消費税額を支払ったとして計算するが、それは計算上のことであって、実際の消費税負担の転嫁はこれと異なる場合もありうる）。

このように考えるならば、上記の諸措置の適用を受ける事業者が、消費者等から消費税相当額を預かってもいないにもかかわらず、それを「預かり金」または「預かり金的」として、事業者がこれを国庫不入としていると論難するのは、法的根拠を欠くものであって、人を誤導するものといわざるを得ない。[16]

V　個別税目における中小企業税制の取扱いとその課題

上記で述べた考え方を前提に、中小企業税制の各税目に関して、個別的な論点をごく簡単に検討したい。上記の議論を再度確認する意味で取り上げる場合もあれば、そこで触れることのできなかった制度や論点を取り上げる場合もある。

1　中小法人と法人税

(1)　軽減税率

この間、法人税率は累次引き下げられ、平成28年度税制改正によって、現

行の法人税の基本的な税率は，23・4%である。中小法人の所得のうち800万円以下の部分については，負担を軽減する見地から，19%の軽減税率が適用される（法税66条2項）。この19%の税率は，更に特例措置として暫定的に15%に軽減されている（税特措42条の3の2）。

我が国のシャウプ税制改革以降支配的な法人擬制説的な考え方によれば，法人税は，株主の所得税の前払としての性格を有するものとされる。この考え方によれば，法人税の税率は，原則として比例税であるべきだということになる。

しかし他方で，我が国の中小法人の多くがいわゆる法人成りであって，その実態が個人事業者と同視できるというのであれば，それらの均衡上，一定の租税負担の軽減は必ずしも不当とはいえないであろう[17]。もっとも，どの程度の軽減税率が妥当かを断定することは容易ではないであろう。

(2) 留保金課税

特定同族会社（一人の株主とその同族関係者が発行済株式の50%超を所有している会社）については，一定の留保控除額を超える留保所得金額に対して，特別の法人税が課される（法税67条）。その税率は個人事業者との税負担を考慮して，3段階の超過累進税率とされている。なお，平成19年度の税制改正において，資本金1億円以下の中小法人については，留保金課税の適用が除外されている。

近時においては，個人所得税の税率と法人税率との差が拡大したために，配当を抑制して利益を法人内に留保し，個人所得課税を繰り延べる誘因が高まっているとして，この「内部留保への過度の誘因を避ける観点から」（平成26年の税制調査会「法人税の改革について」（以下「26年答申」という））中小企業に対する留保金課税の強化が提唱されている[18]。

特定同族会社と個人事業者との課税の公平の観点から，合理的な範囲で留保金課税は措置されるべきだと思われる。すなわち，一方においては，中小法人は内部留保が少ないからこれを促進すべきだという政策的な要請があり，他方では，恣意的な配当抑制を防止し，両者の税負担を公平なものにすべきだとする要請とが衝突する状態をどのように調整し，制度設計するかが問われる。資本金が1億円以下の中小法人への適用除外の当否や，留保控除額の適正さ，累進税率の区分の妥当性などについて，経済実態に照らした検証と改正が必要と

なる。

(3) 同族会社の行為計算の否認規定

中小法人の範囲と同族会社の範囲は文字通り同じものとはいえないが，相当程度重なり合う。

同族会社とは，株主等の3人以下ならびにこれらと特殊の関係にある個人および法人が，その会社の発行済株式の50％超を所有している会社をいう（法税2条10号）。我が国においてはその実態が個人事業と変わらない法人が多く，法人の形態を利用して家族構成員に所得を分割するなどして，法人税，所得税等の負担を軽減排除する傾向が見られるため，これに対処する規定として，同族会社に対して，その行為または計算の否認規定を置いてきた（法税132条，所税157条，相税64条等）と説明される。[19]

同族会社の行為計算否認規定の淵源は古く大正12年の所得税法の改正に遡る。規律の対象となる「同族会社の行為計算」の意味については，それを非同族会社では通常なしえないような行為計算とするものと，純経済人の行為として不合理，不自然な行為計算とするものとがある。[20]

同族会社の行為計算否認規定の現実の発動の要件とその限界については，種々の紛争があり，見解の対立がある。通常の課税要件規定（法税22条，所税36条，37条等）の適用と同族会社の行為計算の否認規定の適用には優先順序があるかどうか，同族会社の行為計算否認規定の発動に関する制約要件は何かなど，多くの争点があるが，これについては別稿の検討に譲りたい。[21]

本来，租税回避行為あるいは租税負担軽減行為については，その行為者が同族会社か否かどうかを問わず，それを規制する場合においては，個別立法によって明確な要件を定めて，将来の行為を抑止することを基本とすべきである。租税法律主義の観点からは，包括的な租税回避行為否認規定は立法すべきではない。包括的な文言による租税回避の否認が認められると，濫用規制や租税正義の名の下に，行為時においては課税関係がおよそ存在しなかった行為や取引について，遡及的，制裁的に課税がなされることになりかねないからである。

(4) 各種の優遇措置

上記のほかにも，中小法人に対する種々の税負担の軽減措置がある。その範

囲は多岐にわたる。例として、①貸倒引当金の特例（貸倒引当金繰入限度額の12％割増措置）（税特租57条の9）、②中小企業等が経営改善設備等を取得した場合の30％の特別償却または7％の税額控除（税特租42条の6、42条の12の5、52条の3、53条）、③研究開発税制における中小企業技術基盤強化税制等（税特租42条の4）、④中小法人の少額減価償却資産の取得価額の損金算入の特例（税特租42条の4、53条、67条の5）、⑤交際費の損金算入制度における定額控除制度等（税特租61条の4）、⑥欠損金の繰戻還付（税特租66条の13）、⑦欠損金の繰越控除制度の現行取扱いの存置（法税57条）などを挙げることができる。

　第一に、今日の中小企業税制にはいくつかの性格をみることができる。その中には、中小企業の経済力が大企業と比べて小さいことへの配慮もあれば（貸倒引当金の特例など）、研究開発税制にみられるように、その対象が必ずしも中小企業に限定されるものではなく、企業全体の研究開発投資、設備投資などを促進する一環として中小企業の各種の経済活動を誘引することを目的とするものもある。近時においては、そのような誘因手段としての税制の位置づけが強まっている。

　第二に、租税優遇を内容とする租税特別措置については、しばしば「経済社会環境の変化に応じて必要性と効果を検証し、真に必要なものに限定する必要がある」（26年答申）といわれる。とはいえ、税制の効果のみを抽出して測定するのは困難であることに加え、効果を検証する際の合理的で明確な判断基準、検証方法も確立されていない。政策目的達成のために、人を手段として誘引することの妥当性も問題となる。自立した経済主体が自由な経済活動を行うことが経済活動および社会全般の活力を生み出すものと考えうるならば、過度の政策的誘導は必ずしも好ましいとはいえないであろう。また、検証の際に必要なのは「必要性と効果」のみでは不十分であり、課税の「公平」の観点も不可欠である。

　第三に、中小企業に対する配慮の観点から租税負担を軽減するといっても、それが単に政策的配慮の当否や程度の問題にとどまらない論点が含まれていることに注意をする必要がある。例えば、欠損金の繰越控除制度の縮小化の中にあって、中小企業については現状が維持（9年の繰越期間で繰越限度は100％）

される。とはいえ、そもそも欠損金の繰越控除という仕組み自体に立ち返って考えると、違う見方が可能となる。欠損金の繰越控除については、わずか3割程度の利益法人が法人税を負担しているにすぎず、課税ベースを拡大し、より広く負担を分かち合うために、法人税率引下げの財源として、繰越控除制度の縮小が図られてきたとされる。しかしながら、課税の便宜から事業年度を区分しているにすぎず、包括的所得課税または純所得課税の理念からは、本来、欠損金は所得で相殺されるまで全額控除を継続すべきであるともいえる。諸外国の例として、繰越控除の期間はアメリカが20年、イギリスは無期限であり、ドイツ、フランスは繰越控除限度があるとはいえ、繰越期間は無期限であるなどとされる。[22]

このように、一見すると、欠損金の繰越控除制度において中小企業への配慮がなされているように見えるが、問題はそのことの当否に限らない。欠損金の繰越控除制度の位置づけとその権利性をどのように考えるかが問われている。

2 中小法人と事業承継税制

事業承継税制は、非上場会社の事業承継の支援のために相続税法において措置されている。[23]

非上場株式に係る贈与税の納税猶予の制度および贈与税の免除の制度がある。この制度の下では、中小企業の後継者が、先代経営者から非上場会社の株式の贈与を受けた場合、一定の要件を満たす場合には、発行済議決権株式の3分の2に達するまでの部分について、その課税価格に係る贈与税の全額の納税が猶予されるとともに、当該後継者の死亡により納税は免除される（税特租70条の7）。次に、後継者が先代経営者から相続により非上場会社の株式を取得した場合も、上記とほぼ同様の要件の下、相続税の猶予および免除がされるが、その対象は課税価格の80％に相当する部分に限られる（税特租70条の7の2）。

この制度は、平成20年5月に成立した中小企業経営承継円滑化法（雇用の確保と地域経済の活性化を目指して、①民法の遺留分制度に特例を設けること、②金融支援措置を設けること、③相続税の課税について措置することという3つの柱を持つ）を受けて、平成21年度税制改正において導入された。とはいえ、この制度

の利用はそれほど伸びず，改正要望に応える形で累次の改正をみた。とりわけ，平成25年度税制改正においては，①制度利用前の経済産業大臣の事前確認制度を廃止する，②後継者の親族外承継を可能とする，③雇用維持要件を緩和し，従前は雇用の8割以上を5年間毎年維持すべきこととしていたものを，雇用の8割以上を5年間平均で維持すべきことに変更する，④現経営者は贈与時に役員を退任するとの要件から，贈与時の代表者退任要件を緩和するなどの改正をし，活用の幅を広げた。

　第一に，事業承継は，経営権の承継と財産権の承継との二つの側面を持つ。両者の関係と対立をどのようにみるかが問われる。一方では，相続税が過大であって事業用資産の売却を余儀なくされる場合，後継者の事業継続にとどまらず，従業員等の就業や経済活動に影響が生じる。したがって，既存の経営権の承継には，地域経済活力維持や雇用の確保という目的と効果が期待されている。他方で，相続税はもともと，一部の富者が富を集中させた財産を，垂直的公平の観点から，課税を通して実際に処分することを企図する実質的財産税であるということができる。

　このように考えるならば，事業用資産もまた，原則的には，この課税に服すべきことになる。相続税の存在と事業承継の重要性との関係をどのように考えるかは難しい問題であるが，原則としては，課税を通した富の再配分，人生の初期設定における平等，といった価値の実現に軸足を置くべきであろう。ただ，相続税が大衆課税化の様相を帯びつつある今日において，どこまで伝統的な相続税の課税根拠あるいはその存在理由を維持できるかについては，容易ではない。

　第二に，事業承継税制を促進すべきだとした場合，その根拠が問われる。それは，富者の財産の保護に資するものではなく，従業員の生活権の保護などの別の法的価値に裏打ちされる必要がある。これは，一定の場合において，優遇税制の形をとりながら，個人による財産の処分権につき，事業の継続，従業員の生活の維持へと誘導する仕組みということも可能であろう。

　第三に，平成25年度の税制改正において，事業承継税制の対象を親族外承継に拡大したことは注目に値する。事業承継税制に存在理由があるとすれば，

親族外承継，個人事業における承継を含めて，税制が現実的に対応することが望まれるであろう。その際には，とりわけ，生前における親族間の共同事業の確立とその承継，生前における親族間，あるいは親族でない者との間での財産の帰属の明確化など，民法や所得税法を含めた整理が必要となるであろう。

　第四に，事業承継税制の手法として，主として，評価減の方法によるのか，それとも現行制度のような納税猶予の方法によるのかは，一概には言えないであろう。いずれの方法によるとしても，少なくとも，合理的な事業継続要件を課すことが必要になるであろう。

3 中小企業と消費税

(1) 軽減税率

　消費税の軽減税率は，必ずしも中小企業税制に直結するものではないが，上述した免税点制度や簡易課税制度と同根の問題を含んでいる。

　軽減税率を導入することについては，賛否両論がある。賛成論は，消費税が逆進的なため，そのしわ寄せを受ける低所得者を保護する観点から，食料品等の生活必需品を中心に軽減税率を導入すべきだとする。しかしながら，この議論には，法的な権利義務の視点が全く欠けている。これを批判する反対論も，必ずしも法的な考慮によることなく，例えば，①消費者の商品選択に税制が介入し，競争中立性を損なう，②軽減税率の対象品目の選択は困難であり，恣意的でもある，③逆進性対策というが，軽減税率の効果は高所得者にも及ぶ，④税務処理が複雑になり，コストがかさむ，⑤軽減税率導入による税収の減少をどのようにして補うのか，などと批判する。

　第一に，納税義務者と消費者との関係において，納税義務を負うのは事業者である。

　第二に，事業者は，消費税の納税義務を負うが，その消費税負担を転嫁する権利も義務もない。商品やサービスの価格に消費税相当額を含むことは想定されている（間接税としての位置づけ）が，価格の形成は市場における需給関係で決まるものであって，消費税相当額を100％転嫁する権利もなく，義務もない。

　第三に，したがって，事業者は，軽減税率のとおりに，商品の価格を引き下

げる義務があるか，というと法的にはその義務はない。消費者は，軽減税率のとおりに商品の価格の引下げを求める権利があるかというと，これも同様である。ある事業者が，軽減税率の対象品目なのに，標準税率に基づく価格と思われる価格で仕入れた後に，その差額部分を消費者に転嫁する権利があるか，仕入元に対して不当利得返還請求ができるか，国に対して還付請求することができるか。これらはいずれも，権利義務を根拠とするものでない以上，法的には認められない。

　転嫁の有無，程度は要するに市場支配力で決まる。その力が小さい場合（一般に，中小企業は大企業と比べて市場支配力は小さい）には，たとえ取引の上で事実上の不利益が生じた場合でも，軽減税率の対象品目であるということは法的には意味を持たない。[24]

　(2)　転嫁対策法

　税制そのものではないが，消費税の負担の転嫁に関して，その転嫁を阻害する行為を規制する「消費税の円滑かつ適正な転嫁の確保のための消費税の転嫁を阻害する行為の是正等に関する特別措置法」（以下「転嫁対策法」という）は興味深い。これは，消費税の税率が8％，10％へと引き上げられる場合において，その消費税の適正な転嫁を図ろうとするものである。平成26年4月1日以降に供給する商品等について，平成25年10月1日以降から平成30年9月30日までに行われる転嫁拒否等の行為が禁止される。

　その目的として，①消費税の転嫁拒否等の禁止（減額，買いたたき等の禁止），②消費税の転嫁を阻害する表示（消費税還元セール等の広告）の禁止，③総額表示の例外の容認（値札の付け方として），④転嫁カルテル・表示カルテルの容認などとし，公正取引委員会，主務大臣，中小企業庁長官に指導または助言の権限を与えるなどしている。悪質な場合には，公正取引委員会が勧告・公表するなどの手段をとることができる。

　消費税の転嫁拒否行為における買手（「特定事業者」という）とは，大規模小売事業者（日常品の小売事業者で，前事業年度の売上高が100億円以上）および個人事業者等から継続して商品等の供給を受ける法人をいう。売手（「特定供給事業者」という）とは，大規模事業者に継続して商品等を供給する事業者，資本金

等の額が3億円以下の事業者または個人事業者をいう。この場合，取引相手が免税事業者であっても，転嫁対策法の対象になる。

売手に対して，本体価格に消費税額を加えた総額のみを記載した見積書の再提出を求めるなどして，本体価格（税抜価格）での価格交渉を困難にさせることは禁止される（転嫁対策法3条3号）。

なお，転嫁対策法においては，優越的地位の濫用が問題となるのであって，合理的な理由により，当事者間の自由な価格交渉の結果であれば，買いたたき等に当たらない。例えば，消費税の税率引上げ後も，同じ価格で納入することを売手が納得している場合は転嫁対策法違反とはならない。

次に，表示に対する規制は，あらゆる表示（テレビ，インターネット，店内放送，セールストーク）が対象となるとされる。「消費税増税分，商品を増量します」も禁止される。消費税の12％還元セールも禁止される。ただし，「4月1日以降も値段は据え置き」は可とされ，また，消費税という文言を使わずに，単に「3％還元」，「8％還元セール」，「8％ポイント進呈」などは禁止の対象ではないとされる（消費者庁のガイドラインである平成25年9月10日付けの「消費税の転嫁を阻害する表示に関する考え方」を参照）。

第一に，転嫁対策法は，消費税法上の転嫁の権利，義務の存否を明言する（前提とする）ことなく，転嫁拒否行為や表示のみを規制する。転嫁対策法の規定に加えて，実際的には，公正取引委員会，消費者庁，財務省の4つのガイドラインがその内容を具体的に表している。法律ではないガイドラインにおいて相当具体的な事案を示し，そのような場合について規制をするという手法が適切かどうかは検討されるべきであろう。

特定事業者の転嫁拒否行為について，それが優越的地位を濫用するがゆえの拒否なのか，そもそも消費税相当額の転嫁は権利や義務とは無関係だから，税率引上相当分を当然に価格に上乗せすることを拒否しているのか，の区別は容易ではないであろう。[25]また，消費税法上転嫁の権利義務がなく，消費税の引上相当分を当然に価格に転嫁すべきだとまでいうことができないのであれば，転嫁を拒否する行為の違法性の判断基準は何になるのか，という基本的な問題がある。

第二に，転嫁対策法にいう，本体価格での交渉を拒否するのは許せないとする考え方も，その法的根拠がよく分からない。本体価格を決めて，それとは別個に消費税相当額が上乗せされて当然に次の取引先に転嫁されるべきだとの法の定めはない。なぜ，総額レベルで価格を交渉することが排除されるべきかは，より明確な理由と法的根拠に裏付けられる必要がある。

　第三に，転嫁対策法は，なおも総額表示を原則とする姿勢を崩していない。総額表示の考え方の基礎には，単なる消費者への便宜論にとどまらず，価格の形成は消費税の負担の有無，程度とは別に市場で自由に決まるという考え方があると思われる。あるいは，消費税による痛税感を薄めるためには総額主義がふさわしいと考えているのかもしれない。このように考えると，総額主義を維持しつつ，同時に，消費税の税率引上相当分につき，取引相手が事実上100％負担すべきだというのは，論理としては整合せず，両立しえないと思われる。

4　中小法人と地方法人税

(1)　地方住民税均等割

　地方税の法人住民税は均等割と法人税割から成る。法人住民税均等割は，地方団体内に事務所または事業所を有する法人等に対して，資本金の多寡に応じて2万円から80万円まで（道府県の場合），資本金および従業者数の多寡に応じて5万円から300万円まで（市町村の場合）の範囲で，それぞれ均等に課される（地税52条，312条）。

　このような定め方の根拠は必ずしも明確ではない。おそらく，資本金等の金額が事業規模を表し，事業規模の大きな法人ほど地方団体から利益を得る，といった説明がされるのであろう。とはいえ，別の説明の仕方として，資本金等の事業規模が示すであろう租税負担能力の大きさに着目して，均等割の負担の仕組みを定めたといういわば応能的な説明も可能と思われる。[26]確かに，地方法人税においては，担税力に着目した法人擬制説の論理は遮断されている。しかしそうであるからといって，当然に応益的な説明しかできないということにはならないであろう。事業規模に応じて負担するという限りにおいて，応益的負担を擬制しているとみることも可能と思われる。

なお，立法論的には，資本金や従業員数が企業規模を適正に反映する指標かどうかにつき議論がありうる。

(2) 法人事業税の外形標準課税

一般に，事業税の基礎にある考え方として，事業は地方団体の各種の行政サービスを享受し，また各種の行政サービスの原因を作り出しているから，住民税とは別に，それに応じた負担をすべきであるとされる[27]。

法人事業税の沿革は多少複雑であるが[28]，今日では，基本的には所得または収入金額を課税標準として課される。ただし，資本金額等が1億円超の法人については，付加価値割，資本割および所得割の合算額とする（地税72条の2，72条の12）。資本金額等が1億円超の法人に対する外形標準課税は，平成15年度税制改正において導入された。当初は，その4分の3が所得であり，残り4分の1が外形標準であったが，平成28年度改正においては，その割合を3対5に変更することとされ，外形標準への課税が強まっている。

上記の26年答申は，法人事業税における付加価値割の拡大，対象法人の拡大を提唱している。他方，日本税理士会連合会の税制審議会「地方税制の問題点とあり方について」は，付加価値割のうち，給与，利子および賃借料は，法人の外部に支出されたものであり，付加価値割を課税標準とすることは，担税力のないところに課税しているとみることもできる，支払給与を課税標準とすることの問題性や雇用の現状からみると，中小法人に外形標準課税を適用することは適当ではない，などと批判的な見解を示している。

第一に，道府県の基幹税ともいうべき法人事業税の改革において，税収の安定的確保という要請は重視されるべきであろう。とはいえ，それとともに，納税者の担税力を適正に考慮すべきであることはいうまでもない。過剰で制約のない応益性の議論に基づいた付加価値割の強化は適切とはいえない。外形標準課税の存在理由がそれなりにあるとする場合においても，担税力への配慮は不可欠であって，所得に対する課税の割合に配慮し，節度をもって制度を設計すべきであろう。

第二に，法人事業税の改革の方向性は，法人事業税についてのみ完結すべきではないであろう。法人課税の枠内で，法人税，法人住民税，法人事業税を一

体的に改革するという方向性もありうるであろう。また，付加価値税の枠内で，消費税または地方消費税との一体的な改革を図るということもありうるかもしれない。

VI　おわりに

　すでに述べたところと重なるが，中小企業課税を考察する際の基本的な視点や留意点について，再度簡単に触れたい。

　第一に，中小企業税制は，政策税制としての性格を色濃く帯びつつある。政策税制の観点からは，その必要性や効果によって制度の当否が判断されるであろう。しかしながら，政策的な観点からの中小企業への税負担の軽減は，その利益を受けない者との間で，あるいはその利益を受ける者との間ですら，課税の公平という別の法的価値からする検証を受ける必要がある。課税の公平を損なう場合には，たとえ必要であっても，たとえ効果があってもその制度の存在が否定されるべき場合が生じうる。また，本稿では詳しく検討することができなかったが，地方団体による中小企業に対する独自の税制の構築（企業誘致等を目指した各種税制措置等）が，地方自治の精神を具体化するものとして肯定されるべきか，それとも課税の公平等を損なうもので否定されるべきかが争いになる場面も生じるであろう。

　第二に，中小企業は，その事業規模が小さいとか，租税の負担能力が小さいとかによって，その状況に応じて正当に税負担の軽減を受けるに値する場面（消費税における小規模事業者の免税制度など）と，政策的な誘導策の一環として中小企業の経済活動の活性化を図る一環として税負担の軽減を受ける場合（研究開発促進税制など）とがある。一般に，前者の場合は，その取扱いが，異なる状況にある者はその状況に応じて異なって扱うべきだとの公平の要請に基づいている。他方，後者の場合は，政策的な性格が強く，経済環境等の状況に大きく左右される。両者を截然と区別することは必ずしも容易ではないが，前者は，法的価値に裏付けられ，あるいは法的権利性を背景としたものといえる。中小企業に対する当該措置の法的な権利性や法的な価値は何か，を具体的に問い，検証する必要がある。

第三に，上記の政策税制に関して，中小企業の側が，必要以上に，国家の政策的誘導に応じることの当否は検討されてよいと考える。自由な市場活動において自立して経済活動をすることが，長期的にみて，中小企業の活力と誇りを生み出すように思われる。

　第四に，中小企業税制を考える場合は，中小企業のみを対象とするのではなく，税制の基本理念や基本的な性格を踏まえた上で，当該税目の制度の基本構造に立ち返りながら検討をする必要がある。我が国の法人税の性格と課税の根拠をどうみるのか，あるいは，消費税における納税義務者や課税対象をどうみるのか，等が絶えず背後に基本的な問題として伏在することを忘れてはならないであろう。

　第五に，本稿では必ずしもよくすることができなかったが，税制の現状と課題をみる場合には，歴史的視点を欠くことができない。とりわけ，昭和25年のシャウプ税制およびその後の昭和62年，63年の抜本的税制改革の流れ等をどうみるのか，担税力を基本とした税制の構築の歴史的意義と今日的重要性をどう考えるのか，などが問われ続けるであろう。

注
1) 経済産業省ＨＰ，総務省統計局ＨＰ。
2) 中小企業庁編『2011年版中小企業白書』58頁（2011年）。
3) 佐藤英明「わが国における『中小企業税制』の意義と展望」租税法研究38号75頁（2010年），佐藤英明「『中小企業税制』の過去と現在」税研166号37頁（2012年）を参照。中小企業基本法の考え方が大きく変わったことで，政策税制としての中小企業税制は，「経済格差是正を目指す弱者支援」から，競争条件の公平性の実現を目指した「経営資源へのアクセスの支援」へと変更される必要がある，と述べている。
4) 金子宏『租税法（第21版）』88頁（弘文堂，2016年）。
5) 北野弘久『現代企業税法論』363頁（岩波書店，1994年）。
6) アメリカの法人税制および中小企業税制について，芳賀真一「アメリカにおける中業企業税制」租税法研究38号27頁（2010年）。
7) 井堀利宏「経済政策における中小企業優遇税制の意義とあり方」税研81号28頁（1998年）。なお，大法人については，法人実在説の立場から，中小法人については，法人擬制説の立場から検討した方がより実体に近いとするものに，植田卓「中小企業税制のあり方をめぐって」税研81号25頁（1998年）。
8) 論理整合性の観点から，小法人保護の税制は，法人税と所得税の統合論議において総

合的に論じるべきであるとするものに，水野忠恒「閉鎖的法人に関するアメリカの所得税制度」租税法研究13号103頁，112頁（1985年）。
 9) 金子前掲・注(4)・225頁，鈴木修「『中小法人課税』の改正動向とそのあり方」税理57巻12号110頁（2014年）。
10) 主税局課長補佐等『改正税法改正のすべて（平成18年版）』332頁（大蔵財務協会，2016年）。
11) 高畑公一「中小企業経営と課税方式の検討」税務弘報62巻13号155頁（2014年）。
12) 武田昌輔「中小企業課税の問題点」租税法研究13号31頁（1985年）。
13) 田中治「課税自主権行使をめぐる法的諸問題―総論的課題」税57巻2号39頁（2002年）。
14) 田中治「地方税制の諸問題・総論―税法学から」43頁（日本租税理論学会編『地方税制の諸問題』（谷沢書房，1999年）所収）。
15) 田中治「消費税改革の法的問題点」法律時報67巻3号15頁（1995年），田中治「納税義務者・課税取引と非課税取引」694頁（金子宏編『租税法の基本問題』（有斐閣，2007年）所収）。
16) 田中治「15年度消費税改正の意味と実務への影響」税務弘報51巻5号17頁（2003年）。
17) 武田前掲・注(12)・17頁。
18) 鈴木前掲・注(9)115頁。他方で，中途半端な適用除外制度によって同族会社間の課税の不公平を招くので，留保金課税制度自体を廃止すべきだとするものに，中西良彦「留保金課税の課題」税研117号22頁（2004年），また，多くの中小法人が適用除外とされていることによって，同族会社における配当課税の回避を抑制するための不当留保利益の課税などの制度目的が達成できないでいる状態が続くのであれば，役割を終えたとして，留保金課税制度を速やかに廃止すべきだとするものに，八ッ尾順一「特定同族会社の留保金課税」税研180号53頁（2015年）。選択的な組合課税方式を提唱するものとして，水野忠恒「同族会社の留保金課税と所得税・法人税統合論のゆくえ」税研62号15頁（1995年）。
19) 金子前掲・注(4)・474頁。
20) 前者の考え方に立つものとして，武田前掲・注(12)・25頁，後者の考え方に立つものとして，金子前掲・注(4)・478頁。
21) 田中治「所得税における同族会社の行為計算の否認規定」66頁以下（日本税務研究センター編『同族会社の行為計算の否認規定の再検討』（財経詳報社，2007年）所収）。なお，田中治「租税回避否認の意義と要件」39頁以下（岡村忠生編『租税回避研究の展開と課題』（ミネルヴァ書房，2015年）所収）も参照。
22) 齋藤真哉「欠損金の繰越控除」税研180号45-46頁（2015年），鹿志村裕ほか『早わかり平成27年度税制改正のすべてQ＆A』87頁（中央経済社，2015年）。
23) 田中治「事業承継税制のあり方」租税法研究38号85頁以下（2010年），田中治「事業承継税制の現状と評価」税研165号34頁以下（2012年）を参照。
24) 非課税取引である社会保険診療報酬に関して，その仕入税額を転嫁する権利はないとされたものとして，神戸地判平24・11・27税資262号順号12097。ある医療法人が，消

費税法が非課税取引である社会保険診療報酬等の仕入れに係る仕入税額控除を認めず，これを消費者に転嫁できなかったことはいわば「損税」であって，憲法14条に反するとして，国家賠償請求訴訟を提起したが，退けられた。田中・判批・税研178号223頁（2014年）を参照。
25) 山本守之「制度の背景を知ろう！―転嫁対策法，納税義務，経過措置，積上計算特例」税務弘報61巻9号29頁（2013年）を参照。
26) 田中治「住民税の法的課題」日税研論集46号118頁（2001年）。
27) 金子前掲・注(4)・581頁。外形標準課税をめぐる議論として，例えば，税研80号（1998年）の特集「事業税・外形標準課税導入の文脈」の諸論考，税研111号（2003年）の特集「外形標準課税の再検証」の諸論考などを参照。
28) 田中治「事業税の外形標準課税」322頁以下（新井隆一先生古稀記念『行政法と租税法の課題と展望』（成文堂，2000年）所収）。

2 アメリカの法人税改革とS法人課税

望 月 爾
(立命館大学法学部教授)

はじめに

　近年，アメリカにおいても，1993年以来35％に据え置かれている法人税率の最高税率の引き下げを中心に，法人税改革の議論が進められてきた。オバマ政権は，連邦税収全体に占める法人税収の割合の減少が続く中，最高税率の28％までの引き下げを行う一方，政策的な負担軽減措置である「租税歳出（tax expenditure）」の見直しなど，課税ベースの拡大を図る方針を示している。連邦議会においても，同様に税収の中立性の観点から，税率の引き下げと同時に課税ベースを拡大し，税率引き下げの代替財源を確保しようというさまざまな法人税改革の提案が行われている。
　アメリカの法人税改革の議論は，巧妙化する国際的租税回避への対応も含めて，主に大企業への法人課税の見直しと思われがちであるが，法人税率の引き下げや課税ベースの拡大の問題は，個人事業主や中小企業，パートナーシップなどの事業体への課税にも大きな影響を与えることになる。また，オバマ政権や連邦議会の改正提案は，中小企業の負担軽減や事業体課税の見直しにかかわる内容を含んでいる。その中でとくに重要なのが，「S法人（S corporation）」課税の見直しの議論である。
　アメリカの法人税には，日本やイギリス，ドイツなどEU各国のような法人税と所得税の二重課税の調整措置が設けられていない。そのため，法人税が課税されるいわゆる「C法人（C corporation）」については，法人税と所得税の二重課税が生じており，その問題を回避するため多くの企業は，法人税の課税対象とならないS法人やリミテッド・ライアビリティ・カンパニー（LLC）等を

選択する傾向がある。とくに1996年改正以降「チェック・ザ・ボックス規則 (Check the Box Regulations)[4]」に基づき、パス・スルー課税の選択制が導入されてから、法人税の課税対象とならないS法人やLLCが急増している[5]。それに対し、2008年にはC法人は、申告企業全体の実に約5％の割合にまで落ち込んでおり[6]、法人税はもはや一部の大企業に対する課税と言っても過言ではない状況にある。そのような中で、法人税改革の議論において、S法人を中心にパス・スルー課税の統一やS法人に対する要件や規制の見直しの議論は大変重要なものといえる[7]。

本稿では、まずアメリカの法人税の現状と課題を概観しつつ、最近の法人税改革をめぐる議論の状況を整理する。そのうえで、アメリカのS法人課税について、現行制度の概要にふれたうえで、その見直しの議論について紹介したいと思う。

I アメリカの法人税の現状と課題

1 アメリカの法人税の現状

(1) 法人税の状況

まず、アメリカの連邦財政における法人税の位置づけについてみると、2014財政年度（2013年10月～2014年9月）におけるアメリカの連邦政府の歳入は、約3兆214億8,700万ドル、そのうち個人への所得税が約1兆3,945億6,800万ドルなのに対し、法人税収は3,207億3,100万ドルである。連邦歳入に占める割合は、所得税が約46.2％なのに対し、法人税は約10.6％を占めているに過ぎない。2015財政年度（2014年10月～2015年9月）も、連邦政府の歳入約3兆2,498億8,600万ドルのうち、所得税が約1兆5,408億ドル、法人税が約3,437億9,700万ドル、連邦歳入全体に占める割合は所得税が約47.4％、法人税が10.6％と前年度と同様な状況にある[8]。

次に、図表1は、F.D.ルーズベルト政権下の1934年から現在までの連邦税収に占める所得税と法人税の割合の推移を表したものである。第二次大戦後の1952年法人税は連邦歳入の約32.1％を占め、所得税の約42.2％に次ぐ位置づけであったが、その後所得税が40％から45％の範囲で推移してきたのに対し、

法人税は1980年代以降10%前後で推移してきた。2009年度には一度6.6%まで落ち込んだが,ここ数年は10%前後に回復している[9]。

図表1　連邦歳入に占める所得税と法人税の割合の推移

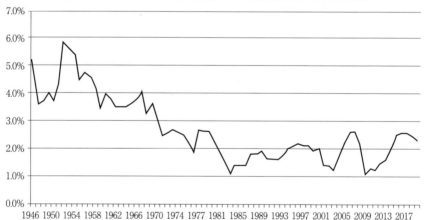

Source: Office of Management and Budget〈http://www.whitehouse.gov/omb/budget/HISTORICALS〉.

図表2　1946年から2019年（推計）までの法人税収のGDP比の推移

Source: CRS graphic based on data from Office of Management and Budget, FY 2015 Budget, Historical Tables, Table 2. 3.,〈http://www.whitehouse.gov/omb/budget/Historicals〉.

　図表2は，第二次大戦後の法人税収の対GDP比率の推移を表したものであ

る。1952年には5.9％であったものが，1980年代以降2.0％前後で推移し，2013年には1.6％にまで落ち込んでいる[10]。

このような連邦財政における法人税収の位置づけの低下の要因は，第一に，長年にわたり法人税の実効税率が据え置かれてきたこと，第二に，従来C法人として法人段階での課税を受けてきた企業がパートナーシップやS法人，LLCのような法人税の課税対象とならない形態を選択するようになったこと，第三に，アメリカの産業構造のソフト化やグローバル化が進展し，企業の利潤が国内からタックス・ヘイブン等の国外に移転が容易になったことなどがあげられる。

(2) 法人税制の基本構造

アメリカの連邦法人税は，内国歳入法典（IRC）の規定に基づき基本的に個人に対する所得税と同様に総所得を計算する方法をとるが，法人特有の計算処理のルールや特別な控除等もある。また，法人税率は法人実在説に基づき，図表3のとおり累進構造を採用している。この法人税率の累進構造は，1935年F. D. ルーズベルト大統領政権下において4段階の税率が提案され，1936年から2段階，1940年に4段階，1941年以降3段階，1953年の2段階の時期を経て，1978年のカーター政権が5段階の税率を導入，レーガン政権の1984年に7段階，1988年に8段階となり，一度5段階に変更されたが，1993年のクリントン政権時より現行の最高税率35％，最低税率15％の8段階の税率構造に据え置かれている[11]。国際的な法人税率の引き下げ競争が進む中，州法人税もあわせた実効税率が40％を超えている州（たとえば，カリフォルニア州40.75％）もあり，国際競争力の確保などの目的から，それが今回の法人税率の引き下げの議論につながっている[12]。

各国の法人税制では，法人企業に対する法人段階での法人税と個人へ配当された段階での所得税の二重課税を調整する措置が設けられているのが一般的といえる。たとえば，個人の株式配当についての税額控除やインピュテーション方式による調整などにより，二重課税を解消する方法がとられている。しかし，アメリカの法人税においては，法人株主への配当に受取配当控除（IRC§243）があるのみで，二重課税を調整する措置が設けられていない[13]。そのため，この

図表 3　2014 年度の法人税率表

Taxable Income Over	But Not Over	Tax Is		Of the Amount Over
$0	50,000		15%	0
50,000	75,000	$7,500 +	25%	$50,000
75,000	100,000	13,750 +	34%	75,000
100,000	335,000	22,250 +	39%	100,000
335,000	10,000,000	113,900 +	34%	335,000
10,000,000	15,000,000	3,400,000 +	35%	10,000,000
15,000,000	18,333,333	5,150,000 +	38%	15,000,000
18,333,333	—		35%	0

Source: Internal Revenue Service, 2014 Instructions for Form 1120 (2014).

ような課税を回避するために法人段階での課税を受けない事業体として，S 法人や LLC の選択が拡大していった経緯がある。しかし，その一方でアメリカの法人税率は歴史的には所得税率よりも低く，法人に所得を留保することにより税負担を軽減できたが，その点のメリットは 1980 年代以降の所得税率のフラット化に伴い薄れつつあることにも注意が必要である。

2　アメリカの法人税の課題

アメリカの法人税に関する具体的な改革の議論にふれるまえに，以下では 4 つの構造的な課題について整理しておきたい。[14]

(1)　法人税率の引き下げと課税ベースの拡大

アメリカの法人税の当面の課題は，法人税率の引き下げと課税ベースの拡大にある。アメリカの法人税の実効税率は，OECD 諸国の中で日本に次いで 2 番目に高いとされるが，企業の利益に対する平均実効税率（effective average tax rate）では中位に属し，法人税収はむしろ低い方ともいえる。日本でも同様な議論があるように，アメリカの法人税率についても，比較する税率や方法によって，その国際的な位置づけは変わってくる。たとえば，連邦議会調査局（CRS）は，法人税の実効税率を国際比較する場合，各国の税率の単純平均とではなく，GDP による加重平均によるべきとする。平均実効税率と限界実効税

率 (effective marginal tax rate) を GDP による加重平均でみると，アメリカの税率水準がとくに高いというわけではないという指摘もある。[15]

それに対し，アメリカの法人税の課税ベースについては，法人の事業よりの所得の約半分がパス・スルー課税の適用により法人税の課税を受けず，さらに「租税歳出 (tax expenditure)」[16] によるさまざまな負担軽減措置が存在している。今次の法人税改革の議論でも，負債に対する支払利子控除の制限やパス・スルー課税の適用対象の見直し，租税歳出の廃止・削減などが提言されている。[17]

図表4は，議会両院合同租税委員会 (Joint Committee on Taxation) の推計に基づき，2014年度の法人税の租税歳出の上位5つの見積合計額をみたものである。まず法人税の租税歳出合計額が1,544億ドル，とくに大きな項目が，被支配外国法人 (Controlled Foreign Corporations) の国外の能動的所得 (active income) への課税の繰延額834億ドル，国内製造活動控除額（国内における製造活動から生じた所得の9％を支払給与総額の50％を上限に課税所得から控除を認める）122億ドル，同種交換による譲渡益への課税の繰延額117億ドル，公的目的の州及び地方の債券の利子の非課税額93億ドル，非ディーラーによる割賦販売の譲渡益への課税の繰延額69億ドルとなっている。[18]

図表4　2014年度の法人税の租税歳出の上位5つの金額

(10億ドル)

Corporate Tax Expenditure	Estimated Revenue Loss in 2014
Deferral of Active Income of Controlled Foreign Corporations	83.4
Deduction for Income Attributable to Domestic Production Activities	12.2
Deferral of Gain on Like-Kind Exchanges	11.7
Exclusion of Interest on Public Purpose State and Local Government Bonds	9.3
Deferral of Gain on Non-Dealer Installment Sales	6.9
Corporate Tax Expenditures Total	154.4

Source: CRS analysis using data from U.S. Congress, Joint Committee on Taxation, Estimates of Federal Tax Expenditures for Fiscal Years 2014-2018, committee print, prepared by Joint Committee on Taxation, 113th Cong., August 8, 2014. JCX-97-14.

なお，租税歳出については，財務省と両院合同租税委員会が推計しているが，その範囲や歳入ロスの規模などが若干異なっている。財務省の推計では，機械・装置の加速度償却や研究開発費の即時償却，R&E 税額控除のうち試験研究費の増額分なども推計されている。

　両院合同租税委員会の報告によれば，10年間税収中立を前提に法人税関係の租税歳出をすべて廃止すれば，法人税の最高税率を現行の 35％から 28％まで引き下げが可能とされている。また，議会調査局は，中長期的な税収への影響も考慮して，29.4％までの引き下げを推計している。[19]

(2) 二重課税の排除と法人税と所得税の完全統合

　アメリカの法人税の最も大きな構造上の問題は，C法人に対する法人税と所得税の二重課税である。それに対し，1977 年の財務省報告以来主張されているのが，法人税と所得税の「完全統合（complete integration）」である。[20][21]すなわち，すべての法人に対して法人段階の課税を廃止し，法人の利益を配当分はもちろん内部留保分も含めてすべて株主個人に帰属するものとして課税する構想である。併せて，株式のキャピタルゲインを含み益の発生時に所得税を課税することによって，配当と同じタイミングで課税し，法人が内部留保をするインセンティブを失わせようとする提案もなされている。[22]所得税では配当は受取時にすぐに課税されるのに対して，キャピタルゲインは実現時まで課税が繰り延べられ，しかも税率上も優遇されている。未実現のキャピタルゲインは連邦遺産税では課税されないため，株主が死亡時まで含み益のある株式を保有し続ければ，キャピタルゲインに対する課税を免れることができるという問題がある。このような問題は，含み益の発生時にキャピタルゲインとして課税を行えば解決できる。

　法人税と所得税の完全統合は，1970 年代から今日まで財務省やアメリカ法律協会（American Law Institute）などから，折に触れて提案がなされ議論が重ねられてきたが，導入にはさまざまな問題があり実現には至っていない。[23]

(3) 負債と株式発行の課税上の取扱いの中立性

　アメリカの法人税では，株主への配当の支払は課税所得から控除できないが，負債に対する支払利子は控除できる。そのため，法人企業は，株式発行による

増資を避けて社債の発行や金融機関からの借入れを行うことにより税負担を軽減できることになる。ただし，それによって負債への依存度が高まり財務体質を悪化させる可能性がある。この負債と株式発行の課税上の取扱いの中立性の問題も，二重課税の排除と法人税と所得税の完全統合と関連して，アメリカでは法人税の構造上の問題として長年議論されてきた。

このような問題に対して，アメリカでは負債利子の控除を制限または廃止する提案と逆に株式発行による配当の支払にも控除を認める提案とが主張されている。前者は，1992年の財務省報告[24]の中にあった「包括的事業所得税（Comprehensive Business Income Tax: CBIT）[25]」の提案がその考え方をとっている。一方，後者は，直接配当についてではないが株主への基金（shareholders' funds）に「みなし利子率（notional interest rate）」を乗じた金額の控除を認めるいわゆる「ACE（Allowance for Corporate Equity：法人株式控除制度）[26]」がこれに当たる。

包括的事業所得税（CBIT）は，法人だけでなく法人以外の企業に対しても，負債利子を課税所得から控除せず，その代わりに個人段階で利子と配当，キャピタルゲイン等を非課税にする制度である。すなわち，所得を事業活動による資本所得と勤労所得に区分し，前者には法人段階，後者には個人段階で課税しようとするものである。この制度によれば，法人と個人段階での二重課税の排除にもつながる。一方，ACEは，企業段階で負債利子だけでなく株式に関する機会費用も課税ベースから控除する制度であるといえる。

包括的事業所得税（CBIT）とACEは，いずれも資金調達の課税上の取扱いの中立性を図る制度である。包括的事業所得税（CBIT）を導入した例はないが，ドイツが2008年から負債利子の損金算入の制限制度を導入している。ACEについてはベルギー，イタリア，オーストラリア，ブラジル等で同制度や類似の仕組みを導入している。また，近時のアメリカの法人税改革の提案において，負債利子の控除の制限にふれたものがある[27]。

(4) 全世界所得課税方式から国外所得免除方式への移行

アメリカの法人税も居住地国課税の原則に基づき，基本的に「全世界所得課税方式（worldwide tax system）」を採用している。通常の事業活動から生じる

能動的所得については，外国子会社の利益がアメリカ国内の親会社に配当等の形式により支払われるまで課税が繰り延べられることになっている。そのため，外国子会社は海外に利益を留保している限りアメリカでの課税を受けない。このような国外所得に対する課税の繰り延べに対して，アメリカへの資金の還流を阻害するという批判があり，またアメリカ企業の国際競争力という観点から「国外所得免除方式（territorial tax system）」への移行を強く求める声がある。巧妙化する国際的租税回避への対応の問題と併せて，国際課税制度の見直しがアメリカの法人税の当面の最も重要な課題となっている。[28]

II アメリカの法人税改革をめぐる議論の状況

1 オバマ政権の法人税改革の基本方針

近年，タックス・ギャップの拡大や財政危機が進む中，オバマ政権のもと税収中立性の観点から，法人税率の引き下げと課税ベースの拡大を中心に，法人税改革に関するさまざまな提案が示されている。[29]

2010年2月オバマ大統領は，A. シンプソン上院議員とE. ボウルズ元首席補佐官を共同委員長として，上下両院の超党派の議員や専門家により財政上の課題とそれに対する中長期的な対応策を検討する「財政責任と改革の国家委員会（The National Commission on Fiscal Responsibility and Reform）」を設置した。同委員会は財政再建のため2020年までに約4兆ドルの累積債務を削減し，税制については税率の引き下げと課税ベースの拡大，税法の簡素化を進める方針を示した。法人税については，税率を23％から29％の間の比例税率に改め，複雑さから批判のある代替ミニマム（AMT）税を廃止し，租税歳出の廃止，削減，国際課税の国外所得免除方式への移行などの提案を行った。[30]

2012年2月にオバマ政権は，ホワイトハウスと財務省による「事業課税改革の基本的枠組み（The President's Framework for Business Tax Reform）」を公表し，中長期的な法人税改革の方針を示した。この中でも，税収中立の立場から法人税率を引き下げ，租税歳出による優遇措置の廃止・削減，税制の簡素化の方針が確認された。また，アメリカ企業の国際競争力を高め，国内への投資の促進や雇用の創出を図るため5つの基本方針が提示された。[31]

①　税法の抜け穴を封じ優遇税制を廃止して，それにより課税ベースの拡大と法人税率の引き下げを行う。具体的には法人税率を35%から28%に引き下げ，棚卸資産の後入先出法（LIFO）の廃止や減価償却制度の厳格化，C法人とパス・スルー課税を受けるパートナーシップ等との課税上の取扱いの是正など税制上の優遇措置を大幅に見直すことが提案された。

②　アメリカの製造業の競争力強化と技術革新能力の向上を図る。具体的には国内製造控除の控除率の引き上げや実効税率の25%以下への引き下げ，試験研究費控除の控除率の引き上げ，再生可能エネルギー生産税額控除の恒久化など提案された。

③　国内投資を促進する国際課税制度の強化を進める。オバマ政権は，現行の全世界所得課税方式の国外所得免除方式への移行はかえって所得の国外移転を助長するという立場をとっていた。そのため現行の課税方式を維持しつつ，国外所得の課税の繰延べを廃止し，子会社等の国外所得に対し配当の有無にかかわらず親会社の所得と合算課税するようなミニマム税の導入や，国外への事業移転費用の控除を認めず，逆に国内への事業移転費用の20%を税額控除する制度などが提案された。

④　中小企業に対する税負担の軽減と税制の簡素化を進める。具体的には，中小企業やベンチャー企業の申告事務負担を軽減し，中小企業向けの設備投資の即時償却の上限金額の引き上げ，現金主義会計の適用事業者の拡大，開業費の即時償却の上限金額の引き上げなどが提案された。

⑤　財政責任を再認識し財政赤字の拡大を防止する。法人税改革は，税収中立の立場から存続する優遇措置の財源はすべて加速度償却制度の廃止等既存の優遇措置の廃止で賄うこととする。

このオバマ政権の法人税改革の基本方針は，各年度の予算教書などにも引き継がれているが，抜本的見直しには至っていない。

2　連邦議会における最近の法人税改革提案

連邦議会の両院合同租税委員会や上院財政委員会，下院歳入委員会などでも，次のようないくつかの議員提案による法人税改革案が示されている。[32]

(1) 民主党R.ワイデン,共和党D.コーツ両上院議員による超党派法案

2011年4月両院合同租税委員会の委員長であった民主党R.ワイデン,共和党D.コーツ両上院議員は,「公平で簡素な税制に関する超党派法案」を議会に提出した[33]。同法案では,法人税率の24%への引き下げと比例税率化,代替ミニマム税(AMT)の廃止,加速度償却や棚卸資産の低価法の廃止,国内製造控除等の優遇措置の廃止,負債利子の控除制限など課税ベースの拡大が提案された。さらに,小規模企業の即時償却の恒久化,国外所得の課税の繰延べの廃止,国際課税方式の全世界所得課税方式の変更なども含まれていた。

(2) 民主党M.ボーカス上院財政委員長による提案

2013年11月から年末にかけて民主党のM.ボーカス上院財政委員長は,同年の上院財政委員会の審議内容をまとめた審議案を公表した[34]。基本的には法人税率の引き下げと減価償却制度の見直しなど租税歳出による優遇措置の廃止などの方針が示された。中小企業に対しては負担軽減と税制の簡素化,国際課税については,国外所得の課税の繰延べを廃止し,国外所得へのミニマム税の賦課か国外所得免除方式への移行の2つの選択肢が提示されていた。

(3) 共和党P.ライアン下院予算委員長による提案

2011年4月P.ライアン下院予算委員長は,2012年度予算決議の付属文書として今後のアメリカの財政や税制のあり方に関する,いわゆる「ライアン・プラン」を公表した[35]。法人税率の25%への引き下げと課税ベースの拡大という基本方針はほかの提案と同様である。課税ベースの拡大についてあまり具体的な提案には言及されていないが,2012年に公表されたプランでは,代替ミニマム税(AMT)の廃止や国際課税方式の国外所得免除方式への移行についてふれている。

(4) 共和党D.キャンプ下院歳入委員長の2014年税制改革法案

共和党D.キャンプ下院歳入委員長は2011年10月,2013年1月,3月に税制改革に関する審議案をまとめた後,下院歳入委員会に11の超党派のワーキング・グループを設置し,その審議検討をふまえて,2014年2月に「2014年税制改革法案(Tax Reform Act of 2014)」を公表した[36]。法人税に関しては,代替ミニマム税(AMT)を廃止し,35%の税率を2015年から2019年まで毎年2

％ずつ引き下げて25％の比例税率にする。課税ベースの拡大については、優遇措置の縮小や廃止、欠損金の繰越控除への制限や州税・地方税の控除廃止などが提案されていた。国際課税については、外国子会社からの配当等の95％を非課税にする国外所得免除方式に近い制度への移行や海外留保所得への臨時の課税を行うことなどの提案が含まれていた。

なお、2013年3月の中小企業課税の見直しに関する審議案において、後述するようなS法人課税の見直しの提案が含まれていた[37]。以下ではアメリカの中小企業税制としての現行のS法人課税の概要や現状を述べたうえで、キャンプ提案を中心に、その見直しの議論について紹介したいと思う。

Ⅲ アメリカのS法人課税と見直しの議論

1 S法人課税の意義及び現状

アメリカの中小企業税制として、株主が100人以下であり株式が1種類であることなど一定の要件を満たす法人に対し、内国歳入法（IRC）の「サブチャプターS」の規定に基づきパス・スルー課税の選択を認める、いわゆるS法人課税がある[38]。以下では、まずS法人課税の意義や現状について述べたいと思う。

(1) S法人課税の意義

S法人課税の意義は、個人事業主やパートナーシップと同様な小規模の法人に対し、法人段階での課税という不利益を回避し、法人と個人、パートナーシップの税制上の取扱いのバランスをとり、事業形態に関する税制の影響を排除するところにある。

S法人課税は、1958年個人事業主から「法人成り」した小規模法人への法人段階と個人段階の二重課税を排除する目的で導入された[39]。S法人を選択すると、原則として法人税の課税を受けず、パートナーシップと同様にパス・スルー課税が適用されて、法人段階の所得や損失、控除項目は各年度の持株の割合に応じて株主に帰属するものとされ、株主の段階で所得税が課税される。

S法人は、所有と経営の分離や有限責任など法人としてのメリットを享受できるうえに、C法人と異なり法人段階での課税を受けないというメリットもある。その一方、外部から積極的に資金を調達して事業規模の拡大を志向する企

業にとって，S法人には株主の人数や発行株式の種類に関する規制があり，事業展開に備えた内部留保ができない（IRC§312）というデメリットがある点にも留意する必要がある。

(2) S法人の現状

S法人の半数以上は，株主1人の「一人会社」であり，株主2人以下でみれば約8割を占めているのが現状である。すなわち，ほとんどのS法人は，個人事業主やパートナーシップと経済的な実態としては同様な存在といえる。

ところで，1958年の導入当初S法人の選択は法人格の有無で判断されていた。その後1960年に財務省は，パス・スルー課税の選択による租税回避を防止するため，「キントナー規則（Kintner Regulations）」を制定し，法人該当性を判定する基準を明らかにした[40]。しかし，その判定は困難な場合も多く，前述のように，結局1996年に現在の「チェック・ザ・ボックス規則（Check the Box Regulations）」が導入され，1997年1月1日以降は納税者の選択に委ねられている[41]。

図表5は，2009年に提出された事業関係の申告書の内訳である。総数2,950万件の申告書のうち，まず個人事業主が67%，次がS法人の12%，以下パートナーシップが9%，LLCが6%，そしてC法人は5%を占めている[42]。

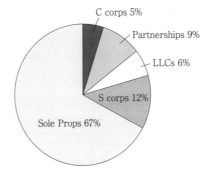

図表5　2009年に提出された事業関係の申告書の内訳

Source: CRS Analysis of Internal Revenue Service, Business Tax Statistics, 〈http://www.irs.gov/uac/Tax-Stats-2〉.

図表6　1980年から2008年までの事業形態別の全事業所得に占める割合の推移

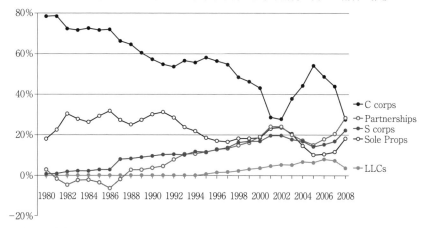

Source: CRS analysis of Internal Revenue Service, Statistics of Income, Integrated Business Data. 〈http://www.irs.gov/pub/irs-soi/80ot1all.xls〉.

　図表6の1980年から2008年までの事業形態別の事業活動による所得全体に占める割合の推移でみても，当初はわずか数％だったS法人が2008年には約20％を占めるようになっている。一方，C法人は，1980年には80％を占めていたが，現在ではわずかにS法人を上回るものの25％程度まで落ち込んでいる[43]。
　このように事業関係の申告書数と所得金額においても，C法人の位置づけが低下しているのに対し，S法人の位置づけが高まっている現状がある。

2　S法人課税制度の概要

　次に，現行のS法人課税の要件や選択，終了，課税上の取扱いなど制度の概要について簡単に紹介したい。
　(1)　S法人課税の要件
　S法人は，内国歳入法典上，文字通り「small business corporation」を意味するが，必ずしもそれが企業規模を表すわけではない（IRC§1361(a)(1)）。S法人としての課税上の取扱いを受けるには，アメリカ国内で設立された法人が次のような要件を満たしたうえで選択を行う必要がある（IRC§1361(b)(1)）[44]。
　①　株主数が100人以下であること（IRC§1361(b)(1)(A)）。導入当初の株主数

の上限は10人であったが，1978年改正で15人，1981年改正で25人，1982年改正で35人，その後75人と増加し，2004年改正により現行の100人以下となった。

② S法人の株主は，個人または遺産財団や破産財団のような財団（estate），一定の信託（trust）や非課税組織（tax-exempt organization）であること。ただし，C法人やS法人は，S法人の株主にはなれない（IRC§1361(b)(1)(B)）。

③ 非居住外国人はS法人の株主になれない（IRC§1361(b)(1)(C)）。すなわち，S法人の株主はアメリカ市民や居住者などアメリカに対し納税義務を有する者でなければならない。なぜなら，S法人は株主個人に課税されるため，株主が非居住外国人の場合，課税漏れが生じるおそれがあるからである。

④ 発行株式の種類が1種類であること（IRC§1361(b)(1)(D)）。普通株以外の優先株等を発行している法人は，S法人を選択できない。S法人の所得や損失，控除は，各株主の持株数を基準に按分されて帰属が決まるため，その基準となる株式の種類を1つに限定しているからである。

なお，以下の法人等はS法人になることができない（IRC§1361(b)(2)）[45]。

①貸倒れの処理について引当金方式を採用している金融機関，②保険会社，③内国歳入法典（IRC）936条の規定に基づき税額控除の適用を受ける法人（プエルトリコ等の法人），④内国国際販売法人（DISC）及び以前内国国際販売法人であった法人は，非適格法人としてS法人を選択できない。

(2) S法人の選択及び終了

S法人を選択する法人は，上記要件を満たしていれば，前年度または年度開始後3か月目の16日目以前（15日後）までに「フォーム2553」を内国歳入庁（IRS）に提出することにより選択を行うことができる（IRC§1361(a)(1)）。ただし，S法人になる場合，S法人の選択について株主全員の同意が必要となる（IRC§1362(a)(2)）[46]。

S法人は，一旦S法人を選択すると，次の事項により撤回（revocation）または終了（termination）するまで，その効力は継続する[47]。

① S法人は50％超の株式を有する株主の同意により，任意にS法人の選択を撤回できる（IRC§1362(d)(1)）。なお，この場合の50％超の株式の計算には，

議決権のない株式も含まれる。

　②　S法人が要件を満たさなくなったとき，S法人は自動的に終了することになる（IRC§1362(d)(2)）。たとえば，種類株式の発行など。

　③　C法人であった期間からの内部留保利益（accumulated earnings and profit）を有する法人について，連続する過去3年間において消極的投資所得（passive invest income）が，総収入の25％を超過した場合には，自動的に当該S法人は終了することになる（IRC§1362(d)(3)）。内部留保利益とは，S法人が過去のC法人の期間中に配当することなく留保していた利益を意味する。また，消極的投資所得とは，使用料，賃貸収入，配当・利子収入，年金収入などからの所得である。[48]

　S法人選択の終了は，S法人としての課税上の取扱いが終了するのみであり，以後C法人として扱われることになる。なお，S法人の選択が終了した法人が，再度S法人の選択をするときは，少なくとも終了から5年間を経過しなくてはらない（IRC§1365(g)）。[49]

(3)　S法人の課税上の取扱い

　S法人の課税上の取扱いは，パートナーシップと同様に，課税計算上S法人における所得，損失及び控除の各勘定がそのまま持株数に応じて各株主に直接に帰属する項目と，それ以外の一度通常所得や損失を計算して株主に割り当てられる項目とがある（IRC§1366(a)）。なお，年度途中に株主の変動があった場合は持株数に応じて日割計算により割り当てられる金額が計算される。[50]

　また，S法人は「フォーム1120S」により情報申告をする義務を負い（IRC§6037(a)），パートナーシップと同じく別表K及びK-1を添付する必要がある。[51]

　S法人は原則的に法人税の課税を受けないが，例外的に法人税が課される場合がある。すなわち，①C法人期間中に「含み益（net-unrealized built-in gain）」の生じた資産のS法人転換後10年以内の処分による当該含み益への課税（IRC§1374），[52] ②C法人期間中の法人の内部留保利益を有するS法人の消極的投資所得が総収入の25％を超えた場合の超過部分への課税（IRC§1375），③後入先出法（LIFO）により棚卸資産を評価していたC法人がS法人への転換により得た利益への課税（IRC§1363）の3つの場合である。[53] これらの特別な課税は，C

法人からＳ法人への転換による二重課税回避の防止のための調整措置といえる。[54]

3 Ｓ法人課税の見直しの議論の状況

　Ｓ法人課税は，法人であることのメリットを有しつつ，課税上はパートナーシップと同様にパス・スルー課税の適用を受けるというメリットも享受する制度といえる。しかし，法人に対しパートナーシップと同様なパス・スルー課税を適用する技術的困難性から，株主数や株主の資格の制限，発行株式の種類の規制，所得の種類の制限などその選択には厳格な要件や規制が課されている。[55]そのため法人としての資金調達や内部留保などの自由度やパートナーシップの構成員や損益分配などの柔軟性を犠牲にしている側面もある。また，Ｓ法人課税の複雑性やパートナーシップとは別に２つのパス・スルー課税を併存することの是非なども問題点として指摘されてきた。[56]従来からの議論をふまえ，今次の法人税改革の議論においても，次のようなＳ法人課税の抜本的な見直しの提案がなされている。

　(1)　Ｓ法人課税の要件や規制の緩和

　Ｓ法人の厳格な要件や規制の緩和については従来から求める声があったが，今回の法人税改革の提案にも，Ｓ法人の要件や規制の緩和を内容とするものが含まれている。すなわち，共和党 D. キャンプ下院歳入委員長の 2013 年３月の審議案の中には，中小企業への税法の簡素化と公正化のため，Ｓ法人課税の見直しに関する具体的な２つの選択肢が提示されていた。[57]

　まず，キャンプ提案の第一の選択肢は，Ｓ法人に対する厳格な規定を緩和し，Ｓ法人の利用を促進する観点からの提案であった。すなわち，①Ｓ法人の「含み益（built-in gain）」課税の対象期間の 10 年から５年への短縮，②Ｓ法人の選択の終了事由となる消極的投資所得の割合の 25％ から 60％ への引き上げ，③消極的投資所得の超過が３年連続で自動終了するという期間制限の５年への緩和，④非居住外国人が小規模事業信託（small business trust）の潜在的受益者になることによりＳ法人の株主になる資格を認めるなど，取扱いの柔軟化が提案されていた。[58]

　この提案に対しては，Ｓ法人の要件や規制を緩和することによって，Ｓ法人

を利用した租税回避の拡大やS法人課税よりも複雑なパートナーシップ課税により近づき，S法人課税のさらなる複雑化を招くという批判がある[59]。

(2) パートナーシップ課税との統合

キャンプ提案の第二の選択肢は，S法人とパートナーシップへの課税を統合し，パートナーシップと「パス・スルー法人（pass through corporations）」に適用する新たなパス・スルー課税（new subchapter K）を導入しようという提案である[60]。この提案によれば，パス・スルー法人には，S法人のような株主の人数や資格，発行株式の種類への制限は撤廃される。ただし，法人段階での課税を免除する代わりに，各株主の分配持ち分に応じた所得に対する源泉税を課すことになっている[61]。

また，新たなパス・スルー課税は，パス・スルー法人への財産の出資について，パートナーシップに財産を現物出資する場合に損益を認識しない規定（IRC§721(a)）や未実現債権（unrealized receivables）や棚卸資産の現物出資の損益認識に関する規定（IRC§724(a)(b)）など，パートナーシップの現物出資や分配に関する複雑な規定を引き継いでいる[62]。一方，前述のC法人からS法人へ転換する場合の内部留保利益や消極的投資所得の規定，「含み益（built-in gain）」への課税，後入先出法選択による利益に対する課税の規定といったS法人の複雑な特別課税の規定も残る提案になっている[63]。

この提案に対しても，S法人課税とパートナーシップ課税の統合により，かえって制度が複雑化して混乱を招く可能性が指摘され，当面は現行通りのS法人課税を維持しつつ，可能な範囲で規定の柔軟化を図るなどの見直しを進めるべきという見解が有力である[64]。

(3) パス・スルー事業体への法人課税の可能性

今次の法人税改革案の中には，法人税の課税対象となるC法人とS法人やLLCなどパス・スルー課税の適用を受ける事業体との課税上の取扱いの不一致を是正し，これらの法人にも一定の要件のもと法人税を課税しようとする提案がある[65]。オバマ政権内にも，規模の大きいパス・スルー事業体について法人として課税することに前向きな意見もある。その背景には，多くの事業体がパス・スルー課税を選択することによる法人税収の減少や，同一の事業に対し法

律上の理由から異なる課税上の取扱いをすることの不公平や非効率，あるいは，大規模なパス・スルー事業体に法人税を課税することにより課税ベースを拡大し，法人税率の引き下げを行いたいという意図もある。

そこで，「大規模なパス・スルー事業体」とは，どのくらいの規模を想定するのか。たとえば，議会調査局（CRS）によれば，総収入が5,000万ドルを超えるパス・スルー事業体とした場合，S法人の0.3％，パートナーシップの0.2％が法人税の課税対象となる。これを1,000万ドルまで引き下げると，S法人の1.6％，パートナーシップの0.8％が法人税を課税されることになる。[66]

これらの数字をみると，パス・スルー事業体のわずかな割合に課税できるだけのように思われるが，潜在的な税収は決して少なくない。たとえば，S法人の総収入の30％を規模の大きい0.3％のS法人が生み出しており，同様にパートナーシップの総収入の41％が規模の大きい0.2％のパートナーシップから生じている。そのことから，一定規模以上のS法人やパートナーシップを法人税の課税対象とすることにより，かなりの法人税の増収が期待できる。

しかし，この提案も，法人段階と株主段階の二重課税の排除や中小企業税制として機能してきたパス・スルー課税に大きな影響を与えることになり，具体的にどのような基準で事業体の規模を測るかなどの問題もある。そのため，今のところ具体的な見直しの議論にはつながっていない。

おわりに

本稿では，アメリカの法人税の現状と課題を概観しつつ，最近の法人税改革をめぐる議論の状況や中小企業税制としてのS法人課税の現状や見直しの議論について述べてきた。C法人に対する法人段階と個人段階の二重課税のようなアメリカ固有の問題もあるが，財政状況が厳しい中，法人税率の引き下げと租税歳出の廃止削減による課税ベースの拡大という方針は，日本の法人税の現状とも共通する。

アメリカのS法人課税は，法人税と所得税の二重課税の回避や所得税率の低下，パス・スルー課税の選択制の導入などを背景に，選択を行うS法人が増加し申告企業件数や全事業所得に占める割合など，年々増加の一途をたどってい

る。一方，法人課税を受けるＣ法人の大幅な減少が，法人税収全体にも大きな影響を与えている。

そのような中で，中小企業の負担軽減を図るべく，Ｓ法人課税の要件や規制の緩和やＳ法人とパートナーシップ課税の統合などが検討されている。その一方で，パス・スルー課税の適用を受ける事業体の制限や大規模なＳ法人やパートナーシップを法人課税の対象とするなどの見直しが行われる可能性もある。しかし，このような中小企業に対するパス・スルー課税の見直しの提案に対しては強い反対や批判があり，オバマ大統領の任期や議会の状況を考慮すれば，結局各提案が実現する可能性は低いものと思われる。

なお，パス・スルー課税を検討するには，パートナーシップやLLCへの課税についてもふれる必要があるが，その点は別の機会に譲りたいと思う。

注

1) Mark P. Keightley & Molly F. Sherlock, *The Corporate Income Tax System: Overview and Option for Reform*, CRS Report R42726（2014）. なお，アメリカの税体系からは，「法人所得税」の訳語が一般的であるが，本報告では「法人税」で統一している。
2) アメリカの法人税改革をめぐる最近の状況については，加藤慶一「アメリカの法人税改革をめぐる議論―税率水準と課税ベースの在り方を中心に」レファレンス65巻4号69頁（2015）に詳しい。そのほか，岡田至康・村岡欣潤ほか「諸外国における現状－欧米諸国」税研29巻4号33頁（2013）参照。
3) Press Release, House Comm. On Ways & Means, Strengthening the Economy and Increasing Wages by Making the Tax Code Simpler and Fairer for America's Small Businesses（Mar. 12, 2013）.
4) チェック・ザ・ボックス規則の導入については，渡邉幸則「チェック・ザ・ボックス規制について」碓井光明ほか編『金子宏先生古稀祝賀 公法学の法と政策（上巻）』583頁（有斐閣，2000）。
5) 佐藤英明「アメリカにおける中小企業形態の多様性と税制」税研14巻81号42頁（1998）。See, Kyle Pomerleau, An Overview of Pass-through Businesses in the United States, Tax Foundation Special Report No. 227（2015）. Available at <http://taxfoundation.org/article/overview-pass-through-businesses-united-states>.
6) Keightley & Sherlock, *supra note* 1 at 7.
7) See, Deborah H. Schenk, "Reforming Entity Taxation: A Role for Subchapter S?"（March 9, 2015）. *Tax Notes*, Vol. 146, No. 9（2015）.
8) Office of Management and Budget Historical Tables Table 2.1 ― Receipts by Source: 1934-2021;Table 2.2 ― Percentage Composition of Receipts by Source: 1934-2021.

9) *Id.*
10) *Id.* Table 2.3 — Receipts by Source as Percentages of GDP: 1934-2021.
11) Tax Foudation website, Federal Corporate Income Tax Rates Income Years 1909-2012<http://taxfoundation.org/article/federal-corporate-income-tax-rates-income-years-1909-2012>.
12) See, Jane G. Gravelle, *International Corporate Tax Rate Comparison and Policy Implications*, CRS Report R41743（2014）.
13) 石村教授は，アメリカ法人税における二重課税を経済的二重課税として「二段階課税」と呼ばれている。石村耕治「二重課税とは何か―電子商取引全盛時代の"二重課税"の概念とは」獨協法学94号104頁（2014）参照。See, Howard E. Abrams, Richard L. Doernberg, Don A Leatherman, *Federal Corporate Taxation*, (7th ed. 2013), Ch. 1.
14) アメリカ法をふまえた法人税の課題とその解決の方向性の議論については，金子宏『租税法』313頁（弘文堂，第20版，2015），岡村忠生「法人課税の意味」同編『新しい法人税法』1頁（有斐閣，2007）参照。See, Daniel N. Shaviro, *Decoding the U.S. Corporate Tax*（2009）.
15) 加藤・前掲注（2）84頁。Keightley & Sherlock, *supra note* 1 at 13.
16) アメリカの租税歳出については，石村耕治『アメリカ連邦税財政法の構造』14頁（法律文化社，1995），渡瀬義男「租税優遇措置―米国におけるその実態と統制を中心として」レファレンス695号7頁（2008）ほか参照。
17) 加藤・前掲（2）95頁。Keightley & Sherlock, *supra note* 1 at 24.
18) *Id.*, at 5. See, Joint Committee on Taxation, *Estimates Of Federal Tax Expenditures For Fiscal Years 2014-2018*, JCX-97-14（2014）.
19) *Id.* at 23.
20) Department of the Treasury, Blueprints for Basic Tax Reform（1977）.
21) Keightley & Sherlock, *supra note* 1 at 25. アメリカの法人税と所得税の統合については，金子宏「アメリカにおける法人税・所得税の統合論に動向―アメリカ法律家協会報告書の紹介」同『所得課税の法と政策』467頁（有斐閣，1996），水野忠恒「法人税と所得税の統合論議」租税研究665号74頁（2005）ほか参照。
22) Shaviro, *supra note* 14 at 163; e.g., Jsoseph Bankman, "A Market-Value Based Corporate Income Tax," 68 *Tax Notes* 1347-1353（1995）.
23) Shaviro, *supra note* 14 at 151-164.
24) Department of the Treasury, *Integration of Individual and Corporate Tax System: Taxing Business Income Once*（1992）.
25) 岡村忠生「アメリカにおける包括的事業所得税構想」税法学509号1頁（1993），岡村・前掲注（14）22頁。
26) 山田直夫・井上智弘「ACEの理論と実際」JSRI Discussion Paper Series No. 2012-01（2012）。See, Institute for Fiscal Studies, *Equity for Companies; A Corporation Tax for the 1990s*（1991）.
27) イギリスのマーリーズ・レビューのなかでも，CBITやACEについて言及している。鶴田廣巳「グローバル時代の法人課税と資本所得課税―マーリーズ・レビューを中心に」

政経研究 49 巻 3 号 65 頁（2013），昨年度の本学会での報告，酒井翔子「法人株式控除制度にみる英国の配当所得課税における新たな展開」日本租税理論学会編『国際課税の新展開』183 頁（2015）参照。

28) Keightley & Sherlock, *supra note* 1 at 27-28; Shaviro, *supra note* 14 at 103-118.
29) 加藤・前掲注（2）92 頁参照。Keightley & Sherlock, *supra note* 1 at 28-34。
30) The National Commission on Fiscal Responsibility and Reform, *The Moment of Truth* (2010).
31) The White House and the Department of the Treasury, *The President's Framework for Business Tax Reform: A Joint Report by The White House and the Department of the Treasury* (2012). なお，2016 年 4 月に国際的租税回避防止など内容を更新した同名の報告書が公表されている。
32) 加藤・前掲注（2）92 頁。
33) 同上。Keightley & Sherlock, *supra note* 1 at 30. See, Bipartisan Tax Fairness and Simplification Act of 2011（S727）.
34) 同上 93 頁。Keightley & Sherlock, *supra note* 1 at 30.
35) 同上 94 頁。House Budget Commitee, *The Path to Prosperity; Restoring America's Promise*（2011）.
36) 同上 95 頁。Keightley & Sherlock, *supra note* 1 at 29.
37) House Comm. On Ways & Means, Strengthening the Economy and Increasing Wages by Making the Tax Code Simpler and Fairer for America's Small Businesses（Mar. 12, 2013）.
38) アメリカのS法人課税に関する先行研究としては，小川正雄「アメリカにおけるS法人の構造と課税関係」税法学 535 号 25 頁（1996），水野忠恒「アメリカにおける中小企業課税―組合，法人及び Subchapter S法人の課税問題」日税研論集 4 号 133 頁（1987）等がある。また，アメリカの中小企業税制については，芳賀真一「アメリカにおける中小企業税制」租税法研究 38 号 27 頁（2010）参照。現行のS法人課税については，See, John K. Mcnulty, Karen C. Burke, Federal Income Taxation of S Corporations (2nd ed. 2015).
39) S法人課税の導入の経緯や趣旨については，小川・前掲注（38）27 頁参照。
40) キントナー規則については，占部裕典「企業課税における法人概念」同『租税法の解釈と立法政策Ⅰ』192 頁（信山社，2002）参照。
41) 渡邉・前掲注（4）参照。
42) Mark P. Keightley, *A Brief Overview of Business Types and Their Tax Treatment*, CRS Report, R43104 (2013) at 2.
43) *Id.* at 3.
44) Mcnulty & Burke *supra note* 38 at 1-22.
45) *Id.* at 12-13.
46) *Id.* at 23-24.
47) *Id.* at 25-28.
48) *Id.* at 61-64.

49) *Id.* at 31.
50) *Id.* at. 67-69.
51) *Id.* at 155-156.
52) この含み益への課税は，"Big Tax" と呼ばれている。
53) Mcnulty & Burke *supra note* 38 at 57-66.
54) 石村・前掲注（13）122頁参照。
55) 佐藤・前掲注（5）45頁。See, Schenk *supra note* 7 at 1242-1246.
56) Mcnulty & Burke *supra note* 38 at 156-161.
57) House Ways and Means Commitee, Technical Explanation of the House Ways and Means Committee Discussion Draft Provisions to Reform the Taxation of Small Business and Passthrough Entities, (Mar. 12, 2013).
58) *Id.* at 12-18.
59) Schenk *supra note* 7 at 1243.
60) Technical Explanation *supra note* 57 at 42.
61) *Id.* at 65-66.
62) *Id.* at 46-47.
63) *Id.* at 63-65.
64) Schenk *supra note* 7 at 1246.
65) M. ボーカス上院財政委員長は，中小企業への負担軽減を提案する一方で，パス・スルー事業体への課税を主張していた。
66) Keightley & Sherlock, *supra note* 1 at 26.

3 外形標準課税の中小企業への拡充問題の検討

梅 原 英 治
（大阪経済大学経済学部教授）

はじめに——問題の所在——

　法人事業税の外形標準課税をめぐっては，2015年度に入って，2つの問題が世情を賑わせている。
　1つは，政府が法人実効税率を引き下げるために法人事業税の外形標準課税を更に拡大しようとしていることである。2015年度税制改正に続いて2016年度税制改正でも法人実効税率が引き下げられたが，その際，法人事業税の所得割の税率を引き下げ，財源として外形標準課税が拡大された。
　もう1つは，資本金1億円超の法人を課税対象とする外形標準課税を回避するため，資本金を1億円以下に減らす「減資ブーム」が起こっていることである。2015年5月頃，経営不振のシャープが約1200億円の資本金を1億円に減資することを検討していることが報じられ，経済産業大臣などから批判を受けて断念したが，吉本興業は9月1日付で資本金を125億円から1億円に減資した。社員644人，所属タレント約6000人という吉本興業に中小企業のイメージはない。
　本稿の課題は外形標準課税の中小企業への拡充問題を検討することであるが，法人実効税率引き下げ手段としての外形標準課税の拡大や減資問題などについても取り上げることにしたい。
　なお，学会報告後，2016年度税制改正大綱が決定され，外形標準課税が拡大されることとなった。本稿ではその内容を含める一方，紙数の都合上，報告の一部や使用した図表の多くを削除し再構成したことをお断り申し上げる。

I 法人事業税と外形標準課税の導入

1 法人事業税の概要

　法人事業税（地方法人特別税を含む）は道府県税の最大税目であり，2015年度地方財政計画では4兆7652億円で，都道府県税収の28.4％を占める。2003年度まで，収入金額課税の電気・ガス供給業や保険業を除いて，法人の所得を課税標準としてきたが，2004年度から外形標準課税が導入され，資本金1億円超の普通法人には，①所得割（課税標準は所得金額），②付加価値割（付加価値額），③資本割（資本金等の額）が課せられている。②の付加価値額は「収益配分額」（報酬給与額・純支払利子・純支払賃借料の合計額で，報酬給与額が7割を超えると雇用安定控除が適用される）と「単年度損益」（欠損金控除前の所得）の合計額で，いわゆる所得型付加価値の額である。なお，資本金1億円以下の法人などには所得割のみが課せられる。

2 法人事業税への外形標準課税導入の経過

　1990年代後半に入り，法人課税改革が取り上げられる中で，法人事業税への外形標準課税の導入が浮上する。1996年11月に政府税制調査会（以下「税調」と略）の法人課税小委員会が外形標準課税導入について検討を深める必要を報告し，1998年4月に税調に地方法人課税小委員会が設置された。
　地方法人課税小委員会は1999年7月に報告書をまとめ，外形標準課税導入の「意義」として，①地方分権を支える安定的な地方税源の確保，②応益課税としての税の性格の明確化，③税負担の公平性の確保，④経済構造改革の促進，の4点を挙げ（これらについては後述），具体的な外形基準として4つの類型，すなわち，(a)利潤・給与総額・支払利子・支払賃借料を合計した「事業活動価値（仮称）」，(b)給与総額，(c)物的基準（事業所家屋床面積，事業用資産の価額または減価償却費）と人的基準（給与総額）の組み合わせ，(d)資本等の金額，を提示した（地方法人課税小委員会報告を検討したものに，拙稿「法人事業税の外形標準課税問題の研究――その検証と展望――」大阪経済大学『大阪経大論集』第49巻第3号，1998年9月，がある）。これについて，税調は2000年7月の答申『わが国税

制の現状と課題——21世紀に向けた国民の参加と選択——』で，(a)の事業活動価値，つまり加算法による所得型付加価値額を「理論的に最も優れている」ものとした（207ページ）。

これに基づき，2000年11月に旧自治省案が出された。これはすべての普通法人を対象として，課税標準を所得と事業活動価値で構成し，それを1対1で導入しようとするものであったが，反対が強くて実施に至らなかった（旧自治省案を検討したものに，拙稿「地方税における企業課税のあり方——法人事業税改革をめぐって——」関野満夫・自治体問題研究所編『地方税財源の改革課題（地域と自治体・第26集）』自治体研究社，2001年3月所収，同「法人事業税の外形標準課税問題の研究（Ⅲ）——旧自治省の『法人事業税の改革案』の検討——」大阪経済大学『大阪経大論集』第52巻第1号，2001年5月，がある）。

翌2001年11月に総務省案が出された。これはすべての普通法人を対象とし，課税標準を所得割，付加価値割，資本割の3つで構成するというもので，導入割合を所得割3，付加価値割2，資本割1とした。税率は所得割4.8％，付加価値割0.66％，資本割0.48％で，5年間かけて段階的に実施しようとするものであった。

様々な検討を経て，2003年度税制改正で外形標準課税の導入が決定された（2004年度開始の事業年度から実施）。決定されたものでは，対象が資本金1億円超の普通法人に限定され，導入割合が所得割9，付加価値割2，資本割1として所得割の比重が高められた。税率は所得割7.2％，付加価値割0.48％，資本割0.2％とされ，雇用への影響に配慮するため，付加価値割の算定において報酬給与額に「雇用安定控除」が創設されるなど，修正が加えられた。

Ⅱ　外形標準課税導入の検証

外形標準課税はその意義として，①地方分権を支える安定的な地方税源の確保（税収安定化論），②応益課税としての税の性格の明確化（応益課税論），③税負担の公平性の確保（公平負担論），④経済の活性化，経済構造改革の促進（活性化論），の4点が掲げられてきた。導入後の実績を踏まえ，検証してみよう（なお，実施前に検討したものとして，拙稿「法人事業税の外形標準課税問題の研究

(Ⅱ)――税制調査会『地方法人課税小委員会報告』の検討――」大阪経済大学『大阪経大論集』第50巻第4号，1999年11月，がある）。

1 税収安定化の代償は税収水準の低下

①の税収安定化論とは，所得課税だと税収の変動幅が大きく，都道府県の財政運営に影響を与えるので，外形標準課税を導入して税収を安定させることが望ましいというものである。

外形対象法人の法人事業税収の推移を見れば，所得割の変動係数は0.2523，付加価値割は0.1428，資本割0.0933，合計0.2096であり，外形標準課税を導入しない場合より変動係数は縮小しており，税収の安定性はわずかに増したといえる（表1）。外形標準課税がリーマンショック後の不況下である2009〜12年度の税収の落ち込みを抑制し，税収を安定させた効果は認められる。しかし同時に，2006〜08年度や2014年度の景気回復時には，所得基準のままの方が税収が多かったことも確認できる。すなわち，外形標準課税による税収の安定化は，税収水準の全般的低下という代償を払ってのことであった。税収の安定化は都道府県にとってメリットであったが，税収水準の低下はデメリットとなった。

2 物税形式の地方法人課税は世界的に廃止の傾向

②の応益課税論とは，法人事業税は法人が事業するに当たって地方団体の行政サービスの提供を受けていることから，これに必要な経費を分担すべきであるという考え方に基づいて課税される税であるが，所得課税では事業活動との関係が反映されないので，外形標準課税を導入して，法人の事業活動と地方の行政サービスとの受益関係に即した税にすることが必要というものである。

法人が事業活動を行うにあたって都道府県の行政サービスから便益を受けていることは確かである。ただ，応益課税論の問題は，個々の法人がいくらの便益を受けたかを測定できないことにある。しかも，税負担は消費者などに転嫁され，税負担関係は不明確である。外形標準課税のような物税形式の地方企業課税は「古典的時代の地方基幹税」であり（伊東弘文『入門地方財政』ぎょうせ

3 外形標準課税の中小企業への拡充問題の検討

表1 外形標準課税対象法人の税収の推移

(単位:億円)

項目	2006年度	2007年度	2008年度	2009年度	2010年度	2011年度	2012年度	2013年度	2014年度	変動係数
①所得割	24,735	26,536	24,517	13,636	13,563	14,674	15,860	18,333	21,163	0.2523
所得割の割合（①/④）	76.5%	77.8%	76.7%	73.5%	65.0%	69.4%	71.5%	74.4%	76.2%	
②付加価値割	5,129	5,249	5,144	3,114	4,685	4,219	4,128	4,219	4,290	0.1428
③資本割	2,466	2,316	2,292	1,811	2,603	2,252	2,181	2,101	2,304	0.0933
④ ①〜③計	32,330	34,101	31,953	18,561	20,851	21,145	22,169	24,653	27,757	0.2096
⑤外形標準課税の導入がなかった場合の税収試算（①×4/3）	32,980	35,381	32,689	18,181	18,084	19,565	21,147	24,444	28,217	0.2523
⑤−④	▲650	▲1,280	▲736	380	2,767	1,580	1,022	209	▲460	―

(出所) 2013 年度までは、総務省「平成 25 年度道府県民税の課税状況等に関する調」2015 年 4 月より 筆者計算、その他は第 4 回法人課税ディスカッショングループ、
2014 年 4 月 24 日、総務省提出資料、14 ページより。変動係数は筆者計算。
(注) 2014 年度は地方財政計画ベース、その他は決算額。超過課税分を含まない。

い，1992年，115ページ），国際的には廃止される傾向にある。例えば，ドイツの営業税は1980年に賃金課税部分，1998年に資本金課税部分がそれぞれ廃止され，所得課税部分のみ存続している。アメリカ・ミシガン州では，資産・賃金・売上を課税標準とする単一事業税を2007年に廃止し，売上と法人所得を課税標準とする事業税（2008～11年）を経て，2011年には連邦税法上の課税所得を基にした法人所得課税を創設した（佐々木則夫委員「添付資料」3ページ，税調第4回法人課税ディスカッショングループ，2014年4月24日）。

3 欠損法人への課税は資本割の方が大きい

③の公平負担論とは，所得課税では欠損法人（赤字法人）が税を負担しないので，外形標準課税を導入して，薄く広く税負担を分担させようというものである。

2013年度実績を見れば，外形標準課程対象法人2万3275社のうち欠損法人は6399社（27.5%）を占めるが，外形標準課税の導入によって，付加価値割378億円，資本割599億円の課税がなされた。資本割の方が多いのは，付加価値額がゼロ以下の法人が2157社（全欠損法人の33.7%）もあるからである。

4 減税は高所得法人のみ

④の経済活性化論とは，外形標準課税の導入で所得にかかる税負担を緩和して，より高い収益を目指した事業活動を促進しようというものである。

外形標準課税の導入によって，税負担がどのように変動したかを2013年度ベースで試算してみよう。所得金額をA，付加価値額をB，資本金等の額をCとすると，税負担の変動額Xは(1)式で表される。

$$X = 0.024 A - (0.0048 B + 0.002 C) \tag{1}$$

Aの係数は所得割の税率が9.6%から7.2%に引き下げられたこと，Bの係数は付加価値割の税率0.48%，Cの係数は資本割の税率0.2%を表す。Xがプラスなら減税，ゼロなら変動なし，マイナスなら増税である。これを総務省『平成25年度道府県税の課税状況等に関する調』に基づき，所得別に計算すると，図1が得られる。

3 外形標準課税の中小企業への拡充問題の検討

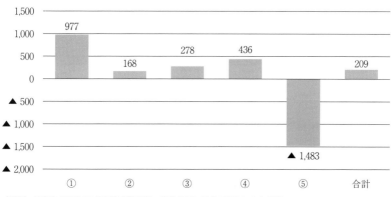

図1 外形標準課税導入の増減税試算（2013年度ベース，億円）

（出所）総務省「平成25年度道府県民税の課税状況に関する調」により推計。
（注）①付加価値額がゼロ以下の欠損法人，②付加価値額のある欠損法人，③年所得1億円以下の法人，
④年所得1億円超10億円以下，⑤年所得10億円超。

①の「付加価値額がゼロ以下の欠損法人」は977億円の増税，②の「付加価値額のある欠損法人」は168億円の増税，③の「年所得1億円以下の法人」は278億円の増税，④の「年所得1億円超10億円以下の法人」は436億円の増税，⑤の「年所得10億円超の法人」は1483億円の減税，全体では209億円の増税となる。このように，高所得法人に多額の減税がもたらされたことは確認できる。ただし，それが経済活性化にどの程度貢献したかは定かでなく，たんに内部留保を積み増しただけかもしれない。他方，増税になった圧倒的多数の法人では税負担が増え，経済活性化にはマイナスとなった。

以上①〜④をまとめれば，外形標準課税の意義として挙げられる事柄は同時にその反対の側面も抱えており，外形標準課税の効果は単純ではないということである。2004年度の外形標準課税の導入は，欠損法人はもとより，ほとんどの利益計上法人（黒字法人）にも増税となり，それらの増税によって年所得10億円超の高所得法人には多額の減税を，都道府県には増収をもたらした。

なお，法人事業税は法人税で損金扱いされるので，増税になった黒字法人については法人税額・法人住民税法人税割額が減り，減税になった黒字法人は法人税額・法人住民税法人税割額が増えるので，全体としての増減税額は法人税率・法人住民税法人税割税率分だけ相殺されることに留意が必要である。

5 外形標準課税による非正規雇用促進効果

ところで,外形標準課税の導入は新たな問題も引き起こした。2013年度の付加価値額の内訳を見れば,報酬給与額67兆4628億円,純支払利子2兆1240億円,純支払賃借料7兆1952億円,単年度損益22兆7747億円で,報酬給与額が67.8%を占め,付加価値割が「賃金課税」であることが証明される。雇用安定控除があるとはいえ,外形標準課税は賃金や雇用に悪影響を与えてきた。

とくに賃金・雇用への影響という点では,付加価値割は正規労働者を派遣労働者に置き換える仕組みを内包する。すなわち,派遣労働者の賃金は派遣先では把握できないため,付加価値割の計算では,派遣契約料の75%を報酬給与額に算入する「みなし方式」が採られている。しかし,派遣業種によって賃金の割合にはバラツキがあるので,「みなし方式」は派遣先の法人で派遣労働者の受け入れ促進に作用する。

このほか,法人事業税の偏在問題もあり,地方法人特別税(譲与税)が創設されるなどしてきたことを指摘しておきたい。

Ⅲ 2015・16年度税制改正と外形標準課税の拡大

1 安倍内閣と法人税改革

2012年12月に発足した第2次安倍内閣は,「デフレ脱却・経済再生」という「的」にめがけて,①大胆な金融緩和,②機動的な財政政策,③民間投資を喚起する成長戦略という「3本の矢」を放つ「アベノミクス」を掲げてきた。

このうち,成長戦略では,日本を「世界で一番企業が活動しやすい国」にすることを掲げ(2013年1月11日閣議決定『日本経済再生に向けた緊急経済対策』2ページ),とりわけ法人課税の負担軽減を進めてきた。2014年度税制改正では復興特別法人税を1年前倒しで廃止し,法人実効税率の2.4%引き下げを決めた後,2014年1月22日には「世界経済フォーラム年次会議」(ダボス会議)で「本年,さらなる法人税改革に着手」することを公言した。

それを受け,税調は「法人課税ディスカッショングループ」を設けて法人税改革に着手。同ディスカッショングループの作業を受け,6月27日,『法人税の改革について』(以下「2014年取りまとめ」と略)を決定し,「『課税ベースを拡

大しつつ税率を引き下げる』という世界標準に沿った改革を行うことにより，成長志向の法人税改革を行うべき時に来ている」との認識に基づき，①租税特別措置，②欠損金の繰越控除制度，③受取配当等の益金不算入制度，④減価償却制度，⑤地方税の損金算入，⑥中小法人課税，⑦公益法人課税，⑧地方法人課税（法人事業税を中心に）などについて，改革の方向性を取りまとめた。

ここで「成長志向の法人税改革」というのは，同年6月24日閣議決定『経済財政運営と改革の基本方針2014』の中で，「日本の立地競争力を強化するとともに，我が国企業の競争力を高めることとし，その一環として，法人実効税率を国際的に遜色ない水準に引き下げることを目指し，成長志向に重点を置いた法人税改革に着手する」としたことを指す。そこでは，「数年で法人実効税率を20％台まで引き下げることを目指す。この引下げは，来年度から開始する」ことが盛り込まれた。

2015年1月14日閣議決定『平成27年度税制改正の大綱』では，2016年度までに法人税率を25.5％から23.9％へ，法人事業税所得割の税率を7.2％から4.8％に引き下げ，法人実効税率を34.62％から31.33％とする一方，財源対策として，①欠損金繰越控除の見直し，②受取配当等益金不算入制度の見直し，③租税特別措置の見直しとともに，外形標準課税を拡大した（付加価値割の税率を0.48％から0.96％へ，資本割の税率を0.2％から0.4％へ引き上げ）。

2 2015年度税制改正と外形標準課税の拡大

外形標準課税について，税調2014年取りまとめは次のように述べた。

「外形標準課税について，平成19年の政府税制調査会では次のように答申されている。『外形標準課税は，多数の法人が法人事業税を負担していないという状況の是正を図るとともに，法人所得に対する税負担を軽減する一方，付加価値等に対して課税するものであり，応益性の観点から，将来的には外形標準課税の割合や対象法人を拡大していく方向で検討すべきである』（『抜本的な税制改革に向けた基本的考え方』）

この方向に沿って，現在の付加価値割の比重を高め，法人所得に対する税負担を軽減していくことが望ましい。あわせて，事業活動規模をより適切に反映

し，税の簡素化を図る観点から，資本割を付加価値割に振り替えることが望ましい。

また，外形標準課税が全法人の1％未満である資本金1億円超の企業のみを対象にすることは，行政サービスの受益者が広くその費用を負担するという地方税の趣旨に反するため，外形標準課税の趣旨に沿って，資本金1億円以下の法人についても付加価値割を導入すべきとの意見が多く出された。

このため，法人事業税における付加価値割の拡大，対象法人の拡大を行うべきである。その際は，創業会社や中小法人への配慮などを検討すべきである。」（9～10ページ）

このように，2014年取りまとめは，①付加価値割の比重を高め，所得割の負担を軽減する，②資本割を付加価値割に振り替える，③資本金1億円以下の法人にも付加価値割を導入する，④創業会社や中小法人への配慮などを検討する，という方向を示したのである。

これに対し，日本経済団体連合会（経団連）は『平成27年度税制改正に関する提言』（2014年9月10日）の中で，「外形標準課税の安易な拡大はすべきではない」とする見解を表明した。いわば「条件付き容認」論であるが，その条件とは，①給与総額に対する課税の見直し，②激変緩和のための段階的な拡大，③中小企業を外形標準課税の対象外とすることと理解された（『日本経済新聞』2014年9月20日付）。

そして前述の2015年度税制改正大綱では，中小企業への外形標準課税の拡充を取り上げない一方，法人事業税所得割の税率引き下げと外形標準課税の拡大とともに，資本割の課税標準の見直し，付加価値割における所得拡大促進税制の導入，負担変動の軽減措置なども盛り込まれた。

3 2016年度税制改正と外形標準課税の更なる拡大

2016年度税制改正では，2015年6月30日閣議決定『経済財政運営と改革の基本方針2015』で，「経済再生に寄与する観点から，現在進めている成長志向の法人税改革をできるだけ早期に完了する」（23ページ）こととされた。これは法人実効税率の20％台への引き下げを「早期に完了する」ことを意味する。

3 外形標準課税の中小企業への拡充問題の検討

2015年12月24日閣議決定『平成28年度税制改正の大綱』では,「成長志向の法人税改革」を掲げ,2018年度までに法人税率を23.2%に,法人事業税所得割の税率を3.6%に引き下げ,法人実効税率を29.74%と20%台に乗せることを決め,財源対策として,①租税特別措置の見直し,減価償却の見直し,③欠損金繰越控除の更なる見直しとともに,外形標準課税の更なる拡大として,付加価値割の税率を1.2%へ,資本割の税率を0.5%へ引き上げることとした。これにより,法人事業税における所得割と外形標準課税の割合は3対5に逆転し,外形標準課税が6割以上(62.5%)を占めることとなった。

4 「法人実効税率引き下げ」論について

安倍内閣は法人実効税率の引き下げに熱心であるが,法人の税負担は「課税所得(=益金-損金))×税率-税額控除」で表され,税率だけを見るのは正当でない。益金の縮小や損金の拡大によって課税所得は縮小され,様々な税額控除の設置により,日本はすでにアジア諸国より低い状態にある。

国・地方合わせた法人税率は2015年度現在,日本32.11%(2016年度31.33%)に対し,中国25%,韓国24.2%,シンガポール17%であるが,法人所得課税の税収(対GDP比,2010年)は日本3.2%に対し,韓国3.5%,中国3.2%,シンガポール3.9%である(財務省「参考資料(法人課税関係)」7ページ,税調第1回法人課税ディスカッショングループ,2014年3月12日)。

Ⅳ 外形標準課税拡充による増減税試算(大法人)

1 2015・16両年度税制改正の増減税試算

2015・16両年度の税制改正による税負担の変動を試算してみよう。ただし,欠損金繰越控除や受取配当等益金不算入制度などの見直しは入れず,もっぱら法人税・法人事業税所得割の税率引き下げと外形標準課税の拡大のみを扱う。

法人事業税額は法人税で損金扱いされるので,法人事業税込みの所得を100とすると,法人事業税引後の所得は2014年度まで91.24(= 100/(1 + 0.255 + 0.096))となり,法人税額は23.27(= 91.24 × 0.255),法人事業税所得割額は6.57(= 91.24 × 0.096),計29.84である。2018年度には,法人事業税引後の所

得は96.53，法人税額は22.39，法人事業税所得割額は3.47，計25.87となり，2014年度までとの差は3.97となる。付加価値割の税率は0.48%から1.20%へ0.72ポイント，資本割の税率は0.2%から0.5%へ0.3ポイント高まる。

したがって，前述のように，所得金額をA，付加価値額をB，資本金等の額をCとすると，税負担の変動額Xは(2)式で表される。

$$X = 0.0397 A - (0.0072 B + 0.003 C) \qquad (2)$$

前述と同様，総務省のデータを用いて所得別に計算すると，図2を得る。

①の「付加価値額がゼロ以下の欠損法人」は1466億円の増税，②の「付加価値額のある欠損法人」は251億円の増税，③の「年所得1億円以下の法人」は397億円の増税，④の「年所得1億円超10億円以下の法人」は382億円の増税，そして⑤の「年所得10億円超の法人」のみ4568億円の減税となり，全体では2322億円の減税となる。

しばしば，法人実効税率を引き下げ，外形標準課税を拡大すれば，「黒字法人は減税になる」と言われるが，そういうものでは決してないことが分かる。ある程度の高所得法人でないと，黒字法人でも増税になる。つまり，法人実効税率の引き下げと外形標準課税の拡大による法人税改革は，「勝者ひとり勝ち」（ウイナー・テイク・オール）を本質とする改革なのである。

図2　2015・16両年度税制改正による外形標準課程拡大の増減税試算（2013年度ベース，億円）

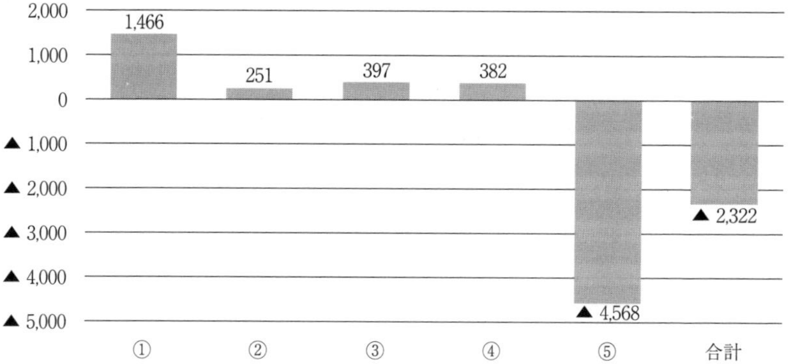

	①	②	③	④	⑤	合計
	1,466	251	397	382	▲4,568	▲2,322

（出所・注）図1と同じ。

V 中小法人への外形標準課税の拡充による増減税試算

1 中小法人への外形標準課税の拡充

税調 2014 年提言では,「外形標準課税が全法人の 1 ％未満である資本金 1 億円超の企業のみを対象にすることは,行政サービスの受益者が広くその費用を負担するという地方税の趣旨に反するため,外形標準課税の趣旨に沿って,資本金 1 億円以下の法人についても付加価値割を導入すべきとの意見が多く出された」と述べて,資本金 1 億円以下の中小法人にも外形標準課税,とくに付加価値割の適用を求めている。そこで,中小法人にも外形標準課税が拡充された場合の税負担の変動についても推計してみよう。

2 外形標準課税は"不正義の税"

中小法人の課税標準の推計のために使用するデータは,財務省の法人企業統計と国税庁の税務統計であるが,データが対応していないので,「資本金 1 億円未満」の法人を扱うことになる。その分（1 割程度）,実際より過少になることに留意されたい（詳しくは,拙稿「外形標準課税拡大による増減税額の試算」新日本出版社『経済』第 231 号,2014 年 12 月号,同「中小法人の課税標準額の推計方法～外形標準課税拡大による増減税額の試算・補論～」大阪経済大学『Osaka University of Economics Working Paper Series』No. 2014-3,2014 年 12 月）。

推計の結果,2013 年度の所得金額（利益計上法人）は 13 兆 923 億円,付加価値額は利益計上法人 47 兆 9290 億円,欠損法人 71 兆 9294 億円,計 119 兆 8583 億円,資本金等の額は利益計上法人 14 兆 2723 億円,欠損法人 23 兆 2361 億円,計 37 兆 5084 億円,となる。

中小法人への外形標準課税がどのように導入されるかは,もちろん決まっていない。そこで,2014 年度まで資本金 1 億円超の法人に課せられていた税率（所得割 7.2％,付加価値割 0.48％,資本割 0.2％）を適用することとしよう。所得金額を A,付加価値額を B,資本金等の額を C とすると,税負担の変動額 X は (3)式で表される。

$$X = 0.024 A - (0.0048 B + 0.002 C) \tag{3}$$

試算の結果, 利益計上法人では, 繊維工業・料理飲食旅館業・金融証券業を除いて減税になる（表2）。欠損法人はすべて増税になり, 全体でも増税になる。その規模は3361億円に達する。

表2　資本金1億円未満の中小法人の課税標準額（2013年度）

(単位：億円)

区分	課税標準額					増減税額		
	所得金額	付加価値額		資本金等の額				
	利益法人	利益法人	欠損法人	利益法人	欠損法人	利益法人	欠損法人	合計
建設業	13,884	54,790	75,927	17,052	24,821	▲36	414	378
繊維工業	403	2,678	8,511	902	2,656	5	46	51
鉄鋼金属工業	4,461	13,747	19,592	2,587	3,893	▲36	102	66
機械工業	7,845	25,558	38,161	6,193	9,382	▲53	202	149
食料品製造業	3,006	9,429	17,905	2,222	4,411	▲22	95	72
化学その他製造業	10,051	24,949	35,974	7,737	13,413	▲106	200	93
卸売業	20,299	59,142	73,428	15,166	21,338	▲173	395	222
小売業	12,926	52,123	105,404	9,468	20,835	▲41	548	507
料理飲食旅館業	3,016	17,406	54,011	3,805	12,953	19	285	304
金融証券業	1,526	4,644	5,765	9,644	17,607	5	63	68
不動産業	11,820	35,618	39,071	32,580	48,722	▲48	285	237
運輸通信サービス業等	40,467	172,603	252,147	34,435	53,263	▲74	1,317	1,243
合計	130,923	479,290	719,294	142,723	232,361	▲556	3,917	3,361
		計 1,198,583		計 375,084				

(出所) 筆者計算。

このように, 中小法人でも, 利益計上法人と欠損法人では税負担の変動が異なる。利益計上法人では減税になる法人もあるが, 増税になる法人もある。これは上述の算式にあるように, ある程度の所得がなければ, 外形標準課税の増税の方が上回るからである。

これを大法人と合わせれば, 大法人の方が高所得法人が多いので, 中小法人のネット増税分は大法人の高所得法人への減税の財源となる。すなわち, 中小

法人への外形標準課税の拡充は，赤字の中小法人から高所得の大法人への所得移転装置（逆所得再分配装置）として機能する。

かつて"正義の味方"は「弱きを守り，強きをくじく」と言ったが，外形標準課税は「強きを守り，弱きをくじく」税であり，まことに"不正義の税"である。

『中小企業憲章』（2010年6月18日閣議決定）は，「中小企業は，経済を牽引する力であり，社会の主役である」，「中小企業は，国家の財産ともいうべき存在である」と謳い，「政府が中核となり，国の総力を挙げて，中小企業の持つ個性や可能性を存分に伸ばし，自立する中小企業を励まし，困っている中小企業を支え，そして，どんな問題も中小企業の立場で考えていく」と宣言した。しかし，中小企業への外形標準課税の拡充は中小企業憲章と両立せず，経済成長や地域経済の発展にとっても障害となり，日本経済の先行きに暗雲を漂わせるものとなろう。

Ⅵ　資本割廃止論の検討と資本圧縮措置による減収試算

1　資本割廃止論への疑問

税調2014年取りまとめは，「事業活動規模をより適切に反映し，税の簡素化を図る観点から，資本割を付加価値割に振り替えることが望ましい」と述べて，資本割を廃止し，外形基準を付加価値割に一本化する方向を示している。

資本割は「事業活動規模を適切に反映」していないのであろうか。一面は正しく，一面は正しくない。

「正しくない」というのは，付加価値割だけでは法人の「事業活動規模」を捉えることができず，資本割は必要と考えるからである。

法人が事業活動を行うには，フローだけでなく，ストックも必要とする。ストックなしに，いかなる法人も活動することはできない。そうであれば，法人の「事業活動規模」を計測するにはフローの指標だけでなく，ストックの指標を加えるべきで，資本割は有効な外形基準となりうるものである。

もともと外形標準課税の導入は，応益課税である法人事業税について，欠損法人が税を負担していないことへの批判から行われた（公平負担論）。もし資本

割を廃して，付加価値割だけにすれば，付加価値額がゼロ以下の法人には税を課すことができなくなる。総務省のデータによれば，外形標準課税対象法人のうち，付加価値割がゼロ以下の欠損法人，つまり資本割しか課税されていない法人は2013年度で2157社（9.3％）ある。

したがって，「資本割を付加価値割に振り替える」ならば，これらの法人は非課税となる。これは，欠損法人への課税を目指してきた外形標準課税導入の趣旨に反する。その意味で，2014年取りまとめは矛盾したことを言っている。

2 資本割の大企業優遇措置とその問題性

他方，「正しい」というのは，現行の資本割には大企業優遇措置が講じられており，課税標準が税額に適切に反映されていないからである。

資本割の導入に際し，資本金等の額が1000億円を超えた法人，および持株会社に対し，負担軽減のために大幅な軽減措置（資本圧縮措置）が講じられた。すなわち，1000億円を超える法人については，1000億円超5000億円以下の部分は50％の算入率，5000億円超1兆円以下の部分は25％，1兆円超の部分はゼロとされた。持株会社については，発行済み株式総数の50％超を保有する子会社の株式価額が，総資産の50％を超える法人は，子会社株式相当額を課税標準から控除できることとされた。こうして資本金等の額は4750億円で頭打ちとなり，資本割は事業活動の規模を適切に反映しなくなったのである。

外形対象法人の法人税法上の資本金等の額は2013年度で388兆5639億円であるが，資本割の課税対象となるのは105兆2304億円で，27.1％にすぎない。とくに持株会社の特例による控除額は66兆3634億円，資本圧縮措置による控除額は42兆2171億円あり，これらによる減収額は1327億円と844億円，計2171億円に達する。とくに資本金100億円以上の法人では，この2つの措置だけで課税標準額が105兆3304億円と51.8％も縮小し，2107億円も減収になる。

資本割の課税標準額の計算では，海外事業分など差し引くことがやむをえないものもあるが，資本圧縮措置や持株会社に対する特例措置は「過大な税負担となる」（都道府県税務研究会編『外形標準課税ハンドブック』ぎょうせい，2003年，53ページ）ということで設けられたもので，正当な理由と言えない。

Ⅶ　減資・自己株式積み増しによる外形標準課税回避と対応策

　最後に，資本金にかかわる2つの問題を取り上げたい。1つは，冒頭で述べたように，資本金を1億円以下に減資することで外形標準課税から逃れる状況が生まれていることである。

　これは2004年の外形標準課税導入時にも見られ，前事業年度末の資本金が，①1〜5億円818社，②5〜10億円62社，③10〜50億円105社，④50〜100億円30社，⑤100億円以上29社，計1044社が1億円以下に減資した（「資料（地方法人課税等関係）」8ページ，税調第46回総会・第55回基礎問題小委員会，2006年6月2日より）。

　もう1つの問題は，自己株式を積み増して資本割（および法人住民税均等割）の課税から逃れる状況である。例えば，トヨタ自動車の場合，自己株式は2001年度1578億円であったのが，2002年度4673億円，2003年度8664億円，2004年度1兆1305億円，2005年度1兆2601億円と増やされ，2003年度以降，資本金と資本準備金の合計額を上回り，資本金等の額がマイナスとなって，資本割の課税から免れていると推測される（有価証券報告書より筆者計算）。

　この2つの問題のうち，後者については，2015年度税制改正で見直され，改正前の資本金等の額または「資本金と資本準備金の合計額」の大きい方に課税されることとなったので，ひとまず解決された。

　前者の減資問題については，外形標準課税の課税基準が資本金だけであることから生じている。それを改善するには，中小企業基本法などと同様に，業種別に基準を複数にし，従業員数を適用条件に加えることなどが考えられる。その際には，雇用への影響にも配慮が必要である。

4 中小企業会計基準の複線化に伴う公正処理基準の再検討

髙 沢 修 一
（大東文化大学経営学部教授）

小 山 登
（LEC 会計大学院教授）

本 村 大 輔
（大東文化大学経営学部講師）

I はじめに

　法人税法第22条第4項は，法人の収益及び処理について「一般に公正妥当と認められる会計処理の基準に従って計算されるものとする」と規定する。しかしながら，この「一般に公正妥当と認められる会計処理の基準」とは，一般社会通念に照らして公正で妥当であると評価される会計処理の基準を意味するものであって，一般に行われている企業の会計処理をすべて認めるものでもなく，例えば企業会計原則のような特定の文書を指すものではなく，それらが認容されるかどうかは，裁判所の判例を含む種々の事例についての判断に委ねられることになるのである[1]。

　実際に，法人税法第22条第4項の創設に携わった立法事務担当者の藤掛一雄氏は，「特殊な会計処理について，それが一般に公正妥当な会計処理の基準にのっとっているかどうかは，今後，種々の事例についての判例（裁判所の判例を含む。）の積み重ねによって明確にされていくものと考えます」[2]と述べている。つまり，一般に公正妥当と認められる会計処理の基準を明確にするためには，裁判所の判例を検証することが求められるのである。

　また，金子　宏氏は，法人税法第22条第4項について，「この規定は，昭和42（1967）年に，法人税法の簡素化の一環として設けられたもので，法人所得の計

算が原則として企業利益の算定の技術である企業会計に準拠して行われるべきこと（『企業会計準拠主義』）を意味している。企業会計と租税会計との関係については，両者を別個独立のものとすることも制度上は可能であるが，法人の利益と法人の所得とが共通の観念であるため，法人税法は二重の手間を避ける意味で，企業会計準拠主義を採用したのである」[3]と評する。つまり，法人税法第22条第4項の規定は，法人税法の簡素化を目的として，課税所得の計算に際し会計慣行によって算出された企業利益を前提としていると理解できるのである。

一方，会計制度においては，平成21（2009）年7月，「SMEsのためのIFRS」(IFRS for Small and Medium-sized Entities）が公表され，国際会計基準（International Accounting Standards：以下「IFRS」とする）の二分化が進展している[4]。そのため，わが国の会計制度においても，IFRSに呼応する形で大企業会計制度においては，「企業会計基準」（J-GAAP），「国際会計基準」（pure-IFRS），「米国基準」（US-GAAP），「修正国際基準」（J-IFRS）という四つの会計基準が並立しており，中小企業会計制度においても，平成17（2005）年8月に「中小企業の会計に関する指針」（以下，「中小会計指針」とする）が公表され，次いで，平成24（2012）年2月に「中小企業の会計に関する基本要領」（以下，「中小会計要領」とする）が公表され会計基準の複線化の様相を示している[5]。その結果，わが国の会計制度においては，「企業会計基準」，「国際会計基準」，「米国基準」，「修正国際基準」，「中小会計指針」，及び「中小会計要領」という6つの会計基準が資本市場に併存することになったのである。

また，法人税法第22条第4項が創設された昭和42〈1967〉年当時と現在とでは，中小企業を取り巻く経営環境や会計制度も大きく変化しており，企業会計と税法との乖離問題が浮上してきている。例えば，「企業会計基準」，「国際会計基準」，「米国基準」，「修正国際基準」，「中小会計指針」，及び「中小会計要領」というように内容を異にする会計処理基準のいずれもが「公正処理基準」に該当した場合には，企業が採用した会計基準によって算出される所得金額に差異が生じ，法人税法上の課税の公平性が阻害されることになる。ただし，公正処理基準は，別段の定めのあるものを除いて適用される性格のものであるため，別段の定めが設けられていれば影響が及ばないという指摘もある。

しかしながら，企業会計がIFRSに呼応する姿勢を示し多様化し，そして，中小企業会計が複線化する構図のなかで，一般に公正妥当と認められる会計処理の基準が租税判例に拘泥されるという図式は益々企業会計と税法の乖離を招くことになるのである。
　よって，本報告では，中小企業会計基準の複線化に伴う公正処理基準の再検討を目的として，まず，公正処理基準に関する代表的な租税判例について検証し，次いで，中小企業会計基準の複線化に伴う企業会計と税務との乖離について検証したい。
　なお，中小企業会計基準としては，中小会計指針と中小会計要領の二種類が併存するが，本報告では，会計のグローバル化の要請に応じて創出された会計基準である中小会計指針を中心に公正処理基準の在り方について再検討したい。なぜならば，「中小会計指針と中小会計要領は，基準設定の方法においては大きな相違がある。しかし，両者で規定されている具体的な会計処理を検討すると，さほどの差異はなく，特に中小会計指針で示されている（原則的な会計処理ではなく）許容された会計処理だけをみれば，中小会計要領の会計処理とほとんど同じであろうといって差し支えなかろう」[6]といえるからである。

II　公正処理基準の代表的な租税判例の検証

　公正処理基準とは，アメリカ企業会計における「一般に承認された会計原則」（generally accepted accounting principles）に相応する概念であり，一般社会通念に照らして公正妥当であると評価される会計処理のことである。具体的には，企業会計原則，中小企業指針，会社法及び金融商品取引法の計算規定のみならず，一般的に周知されている会計慣行をも含むものである。しかしながら，これらの会計原則及び会計慣行が公正妥当な会計処理に該当するか否やは裁判所の判例に基づくことになる。
　つまり，一般に公正妥当と認められる会計処理の認容については，租税判例を含む種々の事例についての判断に委ねられることになり，そのため，一般に公正妥当と認められる会計処理の基準を明確にすることを目的として，租税判例を検証することが求められるのである。

これらの租税判例は，図表1に示すように，一般に公正妥当な会計処理基準は，「企業会計原則や商法（会社法）及び証券取引法（金融商品取引法）の計算規定並びにこれらの実施省令である旧計算書類規則（会社計算規則），商法施行規則及び財務諸表規則の規定のほかに，法人税法基本通達及び確立した会計慣行をも含まれることを明確にしていると考えられる」のである[7]。加えて，判決では，公正処理基準の解釈において通達の優位性を窺える。例えば，図表1に示すように，福岡地判平成11（1999）年12月21日判決では，社会通念上，通達「リース取引に係る法人税及び所得税の取扱いについて」に定める会計処理は，公正かつ妥当な方法であると評価できると判示し，「リース取引に係る会計基準」は，係争事業年度時点において未だ会計慣行として確立されていないとも判示している。そして，名古屋地裁平成13（2001）年7月16日判決では，「預り方式」と「通達方式」のいずれも会計慣行であると容認しながらも，「通達方式」を公正かつ妥当な会計処理方法であると明示しているのである。

また，公正処理基準の判定が裁判判例に委ねられていることを示す例としては，「大竹貿易事件」が挙げられる。本件は，（i）船荷証券が発行されている商品の輸出取引による収益を荷為替手形の買い取りの時点で計上する会計処理を採用するべきか，（ii）船荷証券が発行されている商品の輸出取引による収益を船積の時点で計上する会計処理を採用するべきかが争点となった判例であり，判示は課税庁の判断である後者を支持している。

つまり，本判決では，初めて法人税法における収益計上基準が明示されているが，本判決の特筆すべき点は，公正処理基準の解釈に直接的に言及していることにある。本事件の判示に対して批判的な見解も存在するが，「税法という法律に組み込まれた以上，税負担の公平を維持するために企業の会計処理を否認しても，あながち不合理であるとはいいきれないであろう。現に，この判決以降，収益認識の場面に限らず下級審判決では当該判示が直接引用され，あるいはその考え方を踏襲する姿勢を確認でき，さらには公正処理基準による判断枠組みを用いて納税者の会計処理を否認するといった裁判例がみられるようになった[8]」のであると説明されている。

この通達を「公正処理基準」として認容するかどうかについては，議論がわ

かれるところである。例えば，裁判所の判断に委ねられることについては，「課税庁や裁判所が，公平負担や税収確保の目的を背後に，『公正妥当な会計処理の基準』という文言を利用して，別段の定めとして立法されていないルールを作りだそうとする試み」として批判的な見解も存在する[9]。しかし，通達の定める取扱いに基づく会計処理が，企業会計における慣行として認識されており，かつ，一般社会通念に照らしても公正妥当なものであるならば，「公正処理基準」に該当するという考え方が多数を占めているのである。

なお，最近の租税判例としては，平成25（2013）年7月19日東京高裁判例が挙げられるが，本件では，不動産流動化指針に基づき信託受益権の譲渡を金融取引とする会計処理の是非を巡って争われ，「企業会計の基準と税務の会計処理基準とが常に一致するものでないことを『一般に当然の前提として理解されているもの』と認識している」[10]と判決されている。

図表1　公正処理基準に関する代表的な租税判例

判決	争点	判示	理由
神戸地判昭和61（1986）年6月25日（民集47巻9号5347頁）	輸出取引に係る収益の計上時期において公正妥当な会計処理基準として為替取組日基準は妥当し得るか。	商品等の販売に関しての収益の認識基準は原則として商品等の引渡しを基準とすべきであり，輸出取引による販売については取引形態，引渡手続，契約条件などの貿易の実態，慣習，会計慣行等を検討して，為替取組日基準ではなく船積日基準によるべきである。	公正妥当な会計処理基準は必ずしも一つに厳格に限定する必要はなく，他に適当な基準がある場合には複数存在することも認められるべきであるが，①船荷証券は運送品引渡請求権を表彰しているのにすぎないのであって，船荷証券即商品と解し得ないこと，②為替取組日基準は，むしろ，現金（又はこれに代る有価証券）の収支に基づいて収益及び費用を計上する企業会計原則上の現金主義もしくは回収主義による売上収益計上の基準ともいうべきものと解されるので，損益計算原則としての発生主義，権利確定主義を採用した現行の会計処理基準に適合しない，③荷為替を銀行で取り組む行為は，売主と買主間の契約における実際の商品の引渡しとは異なって売主が比較的自由に決定できるのであり，売主はこれを利用して期間損益の調整が可能となり恣意的操作の入る余地のあることは否定できない，④輸出取引は，信用状及び種々の

4 中小企業会計基準の複線化に伴う公正処理基準の再検討

			保険制度等により代金回収の危険性は相当の確率をもって回避されているので，船積日基準が必ずしも保守主義・実現主義に反するとはいえない等を理由として，為替取組日基準ではなく船積日基準によるべきである。
大阪高判平成3(1991)年12月19日(民集47巻9号5395頁)	輸出取引に係る収益の計上時期において公正妥当な会計処理基準として為替取組日基準は妥当し得るか。	法人税法22条4項にいう「一般に公正妥当と認められる会計処理の基準」とは，客観的な規範性を持つ公正妥当な会計処理の基準という意味であり，必ずしも企業会計原則のような明文化された特定の基準を指すものではなく，企業会計原則以外の他の会計慣行をも含むとともに，企業会計原則であっても解釈上採用し得ない場合もあり得る。	一般に公正妥当と認められる会計処理の基準は，企業会計原則のみを意味するものではなくて他の会計慣行をも含み，他方，企業会計原則であっても解釈上採用し得ない場合もある。収益の計上基準は，企業の自由裁量に委ねられるものではなく，合理的なものでなければならず，そのためには当該商品の販売に係る商品の種類等や契約条件等を考慮して決定すべきである。②船荷証券引渡日基準が企業経営者の恣意の介入の余地のある基準である，③収益実現の概念に照らせば，本件輸出取引においては，客観的には，船積によって収益が実現したものと認められ，荷為替の取組は，収益が実現した後における収益の回収と認めるのが相当であるので船荷証券引渡日基準は，実質的には回収基準（現金主義）にほかならない。
最判平成5(1993)年11月25日(民集47巻9号5278頁)	輸出取引に係る収益の計上時期において公正妥当な会計処理基準として為替取組日基準は妥当し得るか。	実現主義にいう収益の実現があったときに，その収入すべき権利が確定したものとみられるとの見地から，権利確定主義の原則に従って収益を計上することが一般に，公正妥当と認められる会計処理の基準に適合すると判示した。	船積日基準に関して，「このような輸出取引の経済的実態からすると，船荷証券が発行されている場合でも，商品の船積時点において，その取引によって収入すべき権利が既に確定したものとして，これを収益に計上するという会計処理も，合理的なものというべきであり，一般に公正妥当と認められる会計処理の基準に適合するもの」とした。他方で，為替取組日基準については，「商品の船積みによって既に確定したものとみられる売買代金請求権を，為替手形を取引銀行に買い取ってもらうことにより現実に売買代金相当額を回収する時点まで待って，収益に計上するものであって，その収益計上時期を人為的に操作する余地を生じさせる点において，一般に公正妥当と認められる会計処理の基準に適合するものとはいえないというべきである。このよう

				な処理による企業の利益計算は，法人税法の企図する公平な所得計算の要請という観点からも是認し難いものといわざるを得ない」とした。
福岡地判平成11(1999)年12月21日(税資245号991頁)	リース会計基準が公正妥当処理基準に当たるといえるか。	企業会計審議会がとりまとめた「リース取引に係る会計基準」は，設定・公表されてから係争事業年度までに3年足らずの期間しか経過していないことから法人の会計慣行として確立しておらず，また，その内容も公正な所得計算の要請に合致しているとはいえないから，同会計基準は，法人税法22条4項に定める公正妥当処理基準に当たらないと解するのが相当として，原告の請求が棄却された。		法人税法22条4項の公正処理基準について最判平成5年11月25日を引用した上で，同項の趣旨を「課税所得が，本来，税法・通達という一連の別個の体系のみによって構成されるものではなく，税法以前の概念や原理を前提として成立しているものであり，たえず流動する社会経済事象を反映する課税所得については，税法において完結的にこれを規制するよりも，適切に運用されている会計慣行に委ねるのがより適当であ」り，「税法においては，企業会計に関する計算原理規定は除外して，必要最小限度の税法独自の計算原理を規定することが適当であると」した上で，公正処理基準を「経済社会において確立された会計慣行のうち，一般の社会通念に照らして公正で妥当であると評価することができる会計処理の基準」であるとした。このような理解から，企業会計審議会がとりまとめた「リース取引に係る会計基準」は，設定・公表されてから係争事業年度までに3年足らずの期間しか経過していないことから法人の会計慣行として確立しておらず，また，その内容も公正な所得計算の要請に合致しているとはいえないから，同会計基準は，法人税法22条4項に定める公正妥当処理基準に当たらないとした。
名古屋地判平成13(2001)年7月16日(訟月48巻9号2322頁)	プリペイドカードの売上げを収益として計上すべき事業年度はいつか（プリカ販売時か現実の商品との引換え時か）。	石油販売会社が，プリペイドカードの発行に際して収受する対価につき，発行時に収益として計上することなく預り金として処理し，そのカードの所持者が現実に商品と引換えをした時点で収益計上する方式によってした法人税の確定申告に対し，税務署長が，その方式は		法税22条4項は，「税法が繁雑なものとなることを避ける目的で，客観的にみて規範性，合理性があり，公正妥当な会計処理の基準であると認められる方式に基づいて所得計算がなされている限り，これを認めようとするものであると解されるが，税法は納税義務の適正な確定及び履行を確保することを目的としているから，適正公平な税収の確保という観点から弊害を有する会計処理方式は，法22条4項にいう公正妥当処理基準に該当し

4 中小企業会計基準の複線化に伴う公正処理基準の再検討

		法人税法22条4項にいう公正妥当と認められる会計処理の基準に反するとして、プリペイドカードの未使用部分に係る発行対価をその発行した日の属する事業年度の収益として所得に算入するという会計処理方法によってした更正が、適法とされた。	ないというべき」であり、いわゆる預り金処理をした場合には、「引換え未了部分に係る発行代金相当額は永久に預り金として処理され続けることとなるが、かかる事態は企業の会計処理として妥当なものとはいい難い上、発行者が事実上、確定的な利益を享受するにもかかわらず、税務当局は当該発行代金部分に対する課税をなし得なくなるという税務上重大な弊害を生ぜしめる」ので採用できない。
東京高判平成14（2002）年3月14日（民集58巻9号2768頁）	公正妥当な会計処理基準の意義及び金銭債権の貸倒損失を法税22条3項3号にいう損失の額に算入するための回収不能の判定基準。	住宅金融専門会社の母体行であった銀行が、解除条件付きで行った同社に対する貸付債権の放棄について、同債権相当額をその意思表示のあったときを含む事業年度の損金の額に算入した青色確定申告に対し、同債権相当額は当該事業年度の損金の額に算入することができないとしてした法人税の更正処分が、適法とされた。	法税22条4項の趣旨は、「当該会計処理の基準が一般社会通念に照らして公正で妥当であると評価され得るものでなければならないとしたものであるが、法人税法が適正かつ公平な課税の実現を求めていることとも無縁ではなく、法人が行った収益及び損金の額の算入に関する計算が公正妥当と認められる会計処理の基準に従って行われたか否かは、その結果によって課税の公平を害することになるか否かの見地からも検討されなければならない」とした上で、「不良債権を貸倒れであるとして資産勘定から直接に損失勘定に振り替える直接償却をするためには、全額が回収不能である場合でなければならず、また、同貸倒れによる損金算入の時期を人為的に操作し、課税負担を免れるといった利益操作の具に用いられる余地を防ぐためにも、全額回収不能の事実が債務者の資産状況や支払能力等から客観的に認知し得た時点の事業年度において損金の額に算入すべきものとすることが、一般に公正妥当と認められる会計処理の基準に適合するものというべき」とした。
神戸地判平成14（2002）年9月12日（訟月50巻3号1096頁）	法人税法22条4項にいう「公正妥当な会計処理の基準」の意義及び冠婚葬祭互助会における	冠婚葬祭互助会は、会員による月掛金払込中断後5年を経過したときは、法人税における所得計算上、払込済掛金を益金に算入すべきであるとされた。	「法人税法22条4項にいう「公正妥当な会計処理基準」とは…一般社会通念に照らして公正かつ妥当であると評価されうる会計処理の基準を意味するものであ」り、「ある業界団体がそれぞれの実情に応じて明瞭かつ簡便な会計基準を独自に定めている場合に、当該基準に従った会

	長期にわたり払込みを中断している会員に係る払込済掛金についての収益計上の基準。		計処理が，社会通念上も公正かつ妥当であると認められ，かつ，業界に属する各法人において一般に広く採用されている場合には，当該慣行は企業会計原則等を補完するものといえ，法人税の課税所得の計算においても，それに依拠することが認められるものと解するのが相当である」。
東京地判平成19(2007)年1月31日(税資257号順号10623)	火力発電設備の除却損を損金に算入することができるか否か。	電気事業者が，その保有する火力発電設備について，電気事業法等に基づく廃止のための手続を執った上で，一括してその設備全部につき，いわゆる有姿除却（対象となる固定資産が物理的に廃棄されていない状態で税務上除却処理をすること）に係る除却損を計上し，これを損金の額に算入して確定申告をしたのに対し，税務署長が，各発電設備を構成する個々の資産のすべてが固定資産としての使用価値を失ったことが客観的に明らかではなく，今後通常の方法により事業の用に供する可能性がないとは認められないなどとして，前記損金算入を否定してした増額更正及び過少申告加算税の賦課決定が，違法とされた。	電気事業者が従うべき公正処理基準とは，電気事業法34条の委任により制定された電気事業会計規則は，「同規則1条4号において，電気事業者は，一般に公正妥当であると認められる会計の原則によってその会計を整理しなければならない旨定められていること，さらには，膨大な電気事業者の会計のなかに生起する複雑多岐にわたる現象をすべて規則をもって律することはもとより不可能であることを考慮すると，電気事業者が従うべき公正処理基準とは，電気事業会計規則の諸規定のほか，一般に公正妥当と認められる会計処理の基準を含むものというべき」であり，「その解釈に当たっては，一般に公正妥当と認められる会計処理の基準のほか，電気事業の所管官庁等によるこのような解説の趣旨を十分に考慮に入れるべきであり，したがって，同規則にいう「電気事業固定資産の除却」とは，「既存の施設場所におけるその電気事業固定資産としての固有の用途を廃止する」ことを意味するものと解するのが相当である」とした。このような前提から，除却要件を総合的に判断し，「火力発電設備を構成する電気事業固定資産については，「既存の施設場所におけるその電気事業固定資産としての固有の用途を廃止」することという除却の要件が充足されているので，その有姿除却が認められるというべき」とした。
東京高判平成25(2013)年7月19日	「特別目的会社を活用した不動産の流動化に係る譲渡	法人が不動産を信託財産とする信託契約に基づく受益権を契約で譲渡し，当該契約に定められた対	「法人税法22条4項の文言及び趣旨に照らせば，同項は，同法における所得の金額の計算に係る規定及び制度を簡素なものとすることを旨として設けられた規定

4 中小企業会計基準の複線化に伴う公正処理基準の再検討

（訟月 60 巻 5 号 1089 頁）	人の会計処理に関する実務指針」は「一般に公正妥当と認められる会計処理の基準」に該当するか否か。	価を現に収入として得た場合において，当該対価が適正な価額であっても，当該不動産に係るリスクと経済価値のほとんどすべてが譲受人である特別目的会社を通じて他の者に移転しているとは認められないときは，当該譲渡を有償による信託に係る受益権の譲渡とは認識せず，当該譲渡に係る収益の実現があったものとはせずに金融取引として処理する旨の取扱いを定めた平成 12 年 7 月 31 日付け日本公認会計士協会「特別目的会社を活用した不動産の流動化に係る譲渡人の会計処理に関する実務指針」（いわゆる不動産流動化実務指針）は，法人税法 22 条 4 項にいう「一般に公正妥当と認められる会計処理の基準」には該当しない。	であり，法人が収益等の額の計算に当たって採った会計処理の基準がそこにいう「一般に公正妥当と認められる会計処理の基準」（税会計処理基準）に該当するといえるか否かについては…同法固有の観点から判断されるものであって，企業会計上の公正妥当な会計処理の基準（公正会計基準）とされるものと常に一致することを規定するものではないと解するのが相当」であり，「信託に係る受益権が契約により法的に譲渡され，当該契約に定められた対価を現に収入として得た場合において，それが実質的には他の法人等がその収益として享受するものであると認められる場合ではなくても，また，同法において他の法人との関係を考慮することができると定められたときにも当たらないにもかかわらず，他の法人との関係をも考慮し，リスク・経済価値アプローチにより，当該譲渡を有償による信託に係る受益権の譲渡とは認識せず，専ら譲渡人について，当該譲渡に係る収益の実現があったものとしない取扱いを定めた同指針は，上記目的を有する同法の公平な所得計算という要請とは別の観点に立って定められたものとして，税会計処理基準に該当するものとはいえないといわざるを得ない」とした。

Ⅲ　会計制度の国際的潮流と中小企業会計基準の複線化

　中小企業課税における企業会計と税法の乖離問題を検討する上で，まず，わが国の会計制度を取り囲む会計制度の国際的潮流と中小企業会計基準の複線化について検討したい。

　平成 21（2009）年 7 月，IASB（International Accounting Standards Board）は，IFRS（full IFRS）を簡素化し 35 のセクションで構成されている「SMEs のための IFRS」を公表するが，この「SMEs のための IFRS」の主たる目的は，中小企業を対象とする財務諸表の作成システムを構築することにより中小企業の財務諸表の信頼性を高め，中小企業を取り巻く外部利害関係者への開示を適切な

ものにすることにある。

　そして，会計制度における国際的な統合化の潮流の下，わが国においても「中小会計指針」と「中小会計要領」が作成されることになった。現在，わが国の会計制度は，図表 2 に示すように大企業会計制度と中小企業会計制度の二分化の状態にある。また，会計基準においても，複数の会計基準が併存して複線化の様相を示している。例えば，一般に公正妥当と認められる企業会計の慣行において，大企業では，「企業会計基準」(J-GAAP)，「国際会計基準」(pure-IFRS)，「米国基準」(US-GAAP)，修正国際基準 (J-IFRS) という四つの会計基準が並立しており，一方，中小企業においても，「中小会計指針」及び「中小会計要領」が併存するという複雑な状態を形成している。

　また，わが国の会計制度の特徴としては，図表 3 に示すように，①ボトムアップ・アプローチと，②トップダウン・アプローチが混在している点が挙げられる。例えば，中小会計指針が大企業向け会計基準を要約・簡素化するトップ

図表 2　日本における会計制度の二分化と中小会計基準の複線化

区分	会社数	財務諸表（または計算書類）		公認会計士（または監査法人）による監査
		連結	個別	
上場会社	約 3,600 社	企業会計基準 (J-GAAP) 国際会計基準 (pure-IFRS) 米国基準 (US-GAAP) 修正国際基準 (J-IFRS)	企業会計基準 (J-GAAP)	監査義務あり
金商法開示会社（①） (上場会社以外)	約 600 社			
会社法大会社（②） (上場会社及び①以外) (資本金 5 億円または負債総額 200 億円以上)	約 12,000 社から上場会社，①に含まれるものの数を除く	作成義務なし		
上記以外の株式会社 (上場会社，①及び②以外)	約 260 万社から上場会社，①，②に含まれるものの数を除く		中小指針 中小会計要領	監査義務なし (会計監査人設置会社を除く)

　（出所）河﨑照行・万代勝信著，『詳解　中小会社の会計要領』（中央経済社，2012 年）27 ページ，河﨑照行稿，「会計制度の二分化と会計基準の複線化」『會計』第 186 巻第 5 号 (2014 年) 3 ページ参照。

ダウン・アプローチを採用しているのに対し，中小会計要領は，企業属性の相違に即して会計基準を積み上げるボトムアップ・アプローチを採用しているのである[11]。

つまり，中小企業会計においては，中小会計指針よりも中小会計要領の方が実務に相応した会計処理であるといえる。この中小会計要領が実務に相応している事由としては，①会計の目的を適正な期間損益計算の実現として収益費用アプローチを重視している点と，②税務との親和性の二点が挙げられる。実際，中小会計要領では，会計の目的を適正な期間損益計算の実現に求めているため，現行の法人税法の計算で採用されている収益費用アプローチを変更する必要がない。

一方，中小会計指針は，IFRSに追随する性向が窺えるため資産負債アプローチを重視することになり，新たな法人税算定のための計算構造が求められる可能性があるため，中小企業の法人課税においては中小会計要領の方が適しているのである。

また，税務との親和性については，法人税の視点から比較した場合，中小会計要領の方が中小会計指針よりも中小企業課税には適した会計基準であると評価できる。例えば，中小会計要領では，①有価証券の評価を原則として取得原価で評価することができ，②貸倒引当金の引当率を法定繰入率で算定することができ，③棚卸資産の評価方法を最終仕入原価法とすることができ，④退職給付引当金を期末自己都合要支給額に基づいて算定することができる。しかしながら，会計制度の国際的な潮流の下では，中小会計指針の方が会計制度のグロ

図表3　会計基準におけるトップダウン・アプローチとボトムアップ・アプローチ

（出所）河﨑照行稿，「『中小企業の会計』の制度的定着化」『會計』第182巻第5号（2012年）3ページ参照。

ーバル化に適応した会計処理であるといえるのである。

　一方，平成23（2011）年時点におけるわが国の中小企業の法人数と従業員数は，「2011年度版中小企業白書」に拠れば，其々，99.7％（約420万社）と70％（約2,784万人）であり，日本経済の根幹を支える存在が中小企業であり，その中小企業に籍を置く従業員であることは明白である。

　しかし，中小企業の企業経営においては，中小企業の経営実態に合致した明確な会計ルールが存在しておらず，適正な会計処理がなされているとはいえない状況であった。そのため，中小企業会計制度の確立という趣旨から，日本税理士会連合会，日本公認会計士協会，日本商工会議所，及び企業会計基準委員会（以下，「ASBJ」とする）の四団体は，平成17（2005）年に「企業規模に関係なく，企業取引の実態に即して同一の会計基準を適用するべきである」という趣旨に基づき「中小会計指針」を作成している。この中小会計指針は，IFRSとの調和を目指すASBJの会計基準の設定に従っているため，中小会計指針が規範としたのは，金融商品取引法において定められている会計基準である。[12]さらに，中小会計指針を普及するために，会計参与が設定されたが，現実的には，「会計参与設置会社」が稼働した事例は僅少であり，中小会計指針の目的は，中小企業の企業経営の実態と乖離しているのである。

　つまり，トップ・ダウンアプローチ型の「中小会計指針」では，日本の中小企業の会計基準に相応していない，そのため，企業属性の相違に即して会計基準を積み上げるボトム・アップアプローチ型の「中小会計要領」が誕生したのである。

　この「中小会計要領」の特徴としては，①会計の目的を適正な期間損益計算の実現として"収益費用アプローチ"を重視している点と，②税務との親和性の二点が挙げられる。

　例えば，中小会計要領では，会計の目的を適正な期間損益計算の実現に求めているため，現行の法人税法の計算で採用されている"収益費用アプローチ"を変更する必要がない。一方，中小会計指針は，IFRSに追随する性向が窺えるため"資産負債アプローチ"を重視することになり，新たな法人税算定のための計算構造が求められる可能性がある。そのため，中小企業の法人課税にお

いて「中小会計要領」の方が適しているのである。

　また，税務との親和性については，法人税の視点から比較した場合，「中小会計要領」の方が「中小会計指針」よりも中小企業課税には適した会計基準であると評価できる。例えば，中小会計要領では，①有価証券の評価を原則として取得原価で評価することができ，②貸倒引当金の引当率を法定繰入率で算定することができ，③棚卸資産の評価方法を最終仕入原価法とすることができ，④退職給付引当金を期末自己都合要支給額に基づいて算定することができる。

　しかしながら，現実的には，中小企業の会計基準において，「中小会計指針」と「中小会計要領」という二つの会計基準が存在しているため，両者の活用策を検討する必要がある。一案として，ほとんど機能していないシステムではあるが，「会計参与制度は，中小会社，特に株式会社等の有限責任としての中小会社の計算書類の透明化・自己責任化に有効な制度である」と評価できる。[13]

　そのため，会計参与制度を活用することにより「中小会計指針」と「中小会計要領」の両者の整合性を図ることを提案したい。例えば，「日々の会計処理は，経営者が理解しやすい簡便な中小要領により行い，中小要領と中小指針の相違を明確にした上で，一定の決算調整を行うことで中小指針に基づく計算書類を作成し，そこから一定の税務調整をすることで税務申告書を作成し，経営者に加重な負担を課すことなく，会計参与としての職業会計人が取締役と共同して決算調整することができ，一定の水準を保った計算書類を作成することが可能となる」[14]のである。

　すなわち，税務会計では，「中小会計指針」と「中小会計要領」の活用を目的として，図表4に示すように会計処理及び税務申告をシステム化することを検討するべきである。

　現在，企業会計は，国際的潮流の下，国際会計基準との調和を求めて税法と乖離し始めている。この企業会計と税法との乖離については，平成8（1996）年の税制調査会・法人課税小委員会の方針を具現化したものである。同小委員会は，商法・企業会計原則に則った会計処理に基づいて法人税の課税所得を算定することを前提としながらも，適正な法人課税を実現するためには，状況によって商法・企業会計原則と異なった会計処理を行うことを容認しているので

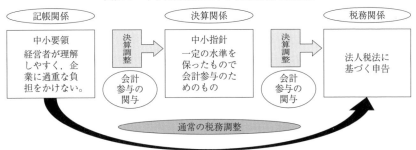

図表 4　中小会計指針と中小会計要領の整合性

（出所）右山昌一郎著，『中小要領・中小指針・税務申告の一体化へのすすめ』（大蔵財務協会，2013 年）22 ページ参照。

ある。

　周知のことであるが，わが国の企業会計では，収益の認識基準について，原則的に発生主義を採用しながらも，収益面における金額の確実性を重視するため，未実現の不確実な収益については計上を見送るという実現主義を採用している。しかしながら，わが国の企業会計では，「収益の認識及び測定に関する包括的な会計基準が存在していない。このため，より詳細な規定をもつ法人税法や通達の取り扱いが会計実務に大きな影響を与える[15]」という状況を創出しているのである。

　つまり，中小企業の会計基準を創設しても，一般の公正妥当と認められる会計処理の基準の認容が裁判所の判断に委ねられている限り企業会計と税法の乖離を解消することは難しいのである。

IV　結　論

　企業会計が IFRS に呼応する姿勢を示し多様化し，そして，中小企業会計が複線化する構図のなかで，一般に公正妥当と認められる会計処理の基準が租税判例に拘泥されるという図式は益々企業会計と税法の乖離を招来しており，そのため，本報告では，中小企業会計基準の複線化に伴う公正処理基準の再検討を目的として，公正処理基準に関する代表的な租税判例について検証し，そして，中小企業会計基準の複線化に伴う企業会計と税務との乖離について考察を

試みた。

　第一に，公正処理基準に関する代表的な租税判例について検証した。公正処理基準に関する代表的な租税判例としては図表1に示した判示が挙げられるが，税務会計上，公正処理基準としていかなる範囲までを認容すべきであるかが争点となった。東京高裁平成25（2013）年7月19日判決では，「特別目的会社を活用した不動産の流動化に係る譲渡人の会計処理に関する実務指針」（以下，「不動産流動化指針」とする）に基づく会計処理が「公正処理基準」に該当するか否かが論点となった。本件では，不動産流動化指針が「公正処理基準」に該当すべきではないと判示されたが，金子　宏は，不動産流動化指針5項等について，「投資家にリスクが波及することを未然に防止するという限定された目的を有する会計基準であるため，企業会計原則・同注解よりもランクの低い会計基準である」と判示を支持する。[16] つまり，金子は，投資家にリスクが波及することを未然に防止するという限定された目的を有するという点において，中小企業等を含めたすべての法人を対象とする企業会計原則・同注解よりもランクが低い位置を占めると判断したのである。それに対して，武田昌輔は，「公正処理基準」を税法における空白部分を埋めるべき存在として認識し，「公正処理基準」について税法の趣旨に照らして規定されるべき存在ではないと述べる。[17] すなわち，「一般に公正妥当と認められる」会計基準の判断については，税法と企業会計とでは両者の見解が異なるのである。

　第二に，中小企業会計基準の複線化に伴う企業会計と税務との乖離について検証した。

　現在，会計基準において，複数の会計基準が併存して複線化の様相を示しており，「一般に公正妥当と認められる」企業会計の慣行において，大企業では，「企業会計基準」（J-GAAP），「国際会計基準」（pure-IFRS），「米国基準」（US-GAAP），修正国際基準（J-IFRS）という四つの会計基準が並立しており，一方，中小企業においても，「中小会計指針」及び「中小会計要領」が併存するという複雑な状態を形成している。ただし，中小企業会計においては，中小会計指針よりも中小会計要領の方が実務に相応した会計処理であると評される。なぜならば，中小会計要領は，収益費用アプローチを採用している点や，税務との親

和性の面からも現行の法人税法の計算に相応しているからである。

しかしながら，本報告では，実務との相応性よりも IFRS との調和性を重視した場合には，IFRS との連携を目指す ASBJ の基準設定に従う中小会計指針を「公正処理基準」として認識すべきであると提案したい。ただし，中小会計指針に基づいて会計処理を行った場合には，資産負債アプローチを前提として包括利益が算定されることになるため法人税額の算定に影響を与えることになる。

今後，会計基準が多様化し，さらに中小企業の会計基準が複線化している現状では，益々，企業会計と税法の乖離を招来させることになるが，「公正処理基準」の解釈は，あくまでも企業会計の領域でなされるものであって，そこに法人税法の解釈が入る余地はなく，法人税法の考え方が「公正処理基準」と整合しない部分について『別段の定め』をもって対処すべきである。[18]

すなわち，本報告では，中小企業会計基準の複線化に伴い「公正処理基準」の存在意義について検討したが，企業会計の視点からアプローチしたならば，法人税法第 22 条 4 項の規定は，法人税法の空白部分を補充する存在であると認識できるのである。

なお，中小企業会計基準の複線化に伴う法人税額の計算については，固定資産の減損を事例に挙げて《付録》に表示する。

注
1) 鈴木一水稿，「公正処理基準の再検討」『税務会計研究』第 25 号（2014 年）175 ページ，及び坂本雅士稿，「会計基準の多様化に伴う税務論点」『會計』第 187 巻第 3 号（2015 年）5 ページに詳しい。
2) 藤掛一雄稿，「法人税法の改正」『改正税法のすべて（昭和 42 年版）』（1967 年，大蔵財務協会）75-95 ページに詳しい。
3) 金子　宏著，『租税法〔第 13 版〕』（弘文堂，2008 年）256 ページ。
4) IASB,IFRS for SMEs,International Accounting Standards Board,July 2009. 河﨑照行稿，「中小会社会計基準の国際的動向」『企業会計』第 56 巻第 7 号（2004 年）117-124 ページ。
5) 河﨑照行稿，「会計制度の二分化と会計基準の複線化」『會計』第 186 巻第 5 号（2014 年）2 ページ。
6) 齋藤真哉・佐藤信彦・浦崎直治・鈴木一水・万代勝信・八ツ尾順一共稿，「会計基準の

複線化の影響」『税務会計研究』第 26 号（2015 年）131 ページ。
7) 品川芳宣稿，「租税判例と公正なる会計慣行」『企業会計』第 42 号第 5 号（1990 年）21-22 ページ，及び井上　隆稿，「中小企業・非公開会社において逆基準性が果たす機能と確定決算主義の継続に関する研究」（長崎大学大学院経済学研究科博士論文，2009 年）19-20 ページに詳しい。
8) 坂本　前掲稿，10 ページ。
9) 岡村忠生著，『法人税法講義（第三版）』（成文堂，2008 年）38 ページに詳しい。
10) 小林裕明稿，「公正処理基準該当性の判断基準に関する一考察　─平成 25 年 7 月 19 日東京高裁判決を題材として─」『税務会計研究』第 26 号（2015 年）215 ページ。
11) 河﨑照行稿，「『中小企業の会計』の制度的定着化」『會計』第 182 巻第 5 号（2012 年）5 ページ。
12) 岩田康成稿，「『中小会計要領』の特徴と今後の課題」Fuji business review No.5（東京富士大学，2013 年）41 ページ参照。
13) 右山昌一郎著，『中小要領・中小指針・税務申告の一体化へのすすめ』（大蔵財務協会，2013 年）11 ページ。
14) 同上　22 ページ。
15) 坂本　前掲稿，12 ページ。
16) 金子　宏著，『租税法〔第 19 版〕』（弘文堂，2014 年）309 ページに詳しい。
17) 武田昌輔稿，「一般に公正妥当と認められる会計処理の基準『税大論叢』3 号（税務大学校，1970 年）172 ページ。
18) 新井益太郎監修・成道秀雄編著，『税務会計論（第 3 版）』（中央経済社，2004 年）6 ページに詳しい。

〔付　録〕

（事例）固定資産の減損について検討した結果，減損損失の認識，測定が行われ減損損失 50 万円が計上されるケースを想定する。

※　「固定資産の減損とは，資産の収益性の低下により投資額の回収が見込めなくなった状態をいい，減損処理とは，そのような場合に，一定の条件の下で回収可能性を反映させるように帳簿価額を減額させる会計処理をいいます。」
（『『中小企業の会計に関する指針』（平成 25 年 2 月公表）ガイドブック』日本税理士会連合会監修，近畿税理士会調査研究部編，清文社，2013 年。参照）

〔企業会計上の取扱い〕
◎　日本基準
　個別財務諸表の包括利益「当期純利益＋その他包括利益」または当期純利益

の表示については企業の選択適用とされている。

日本基準では，固定資産の減損損失50万円計上しなければならない。

固定資産の減損損失50万円計上後「当期純利益450万円」と想定する。

◎ 中小会計指針では減損処理の適用があり固定資産の減損損失50万円を計上する。

日本基準の場合と同様に，固定資産の減損損失50万円計上後の<u>当期純利益は450万円</u>と表示される。

◎ 中小会計要領では減損処理の適用はなく，当期純利益は<u>500万円</u>と表示される。

[法人税法上の取扱い]………法人税法上固定資産の減損損失については，損金の額に算入されない。

◎ 日本基準と中小会計指針のケース

〔別表4〕

◎ 中小会計要領

〔別表4〕

	当期純利益	500万円
	所得金額	<u>500万円</u>

◎ 日本基準と中小会計指針では固定資産の減損処理の適用があり，企業実態の適切な開示が行われている。

5　討論　中小企業課税

〔司会〕
　菊谷正人（法政大学）／鶴田廣巳（関西大学）
〔討論参加者〕
　梅原英治（大阪経済大学）／菊谷正人（法政大学）／小山　登（LEC会計大学院）／髙沢修一（大東文化大学）／武石鉄昭（税理士）／田中　治（同志社大学）／中村芳昭（青山学院大学）／松井吉三（税理士）／松田周平（税理士）／望月爾（立命館大学）／本村大輔（大東文化大学）／安井栄二（立命館大学）

司会　シンポジウムでは昨日2本，本日2本，計4本の報告をいただきました。それらを受けまして，これより討論に移りたいと思います。

　まず，トップバッターの田中会員に対し，立命館大学の安井会員から地方法人課税の課税根拠について質問が出されています。安井会員，説明をお願いします。

安井（立命館大学）　立命館大学の安井でございます。田中先生，わかりやすいご報告ありがとうございました。非常に勉強になりました。

　質問ですが，地方税の課税根拠として，行政サービスに対応する応益税であるという説明は，ちょっと課税根拠としておかしいのではないかというご指摘をされていたと私は理解しました。もしそのような地方税は応益税ではないとした場合，法人住民税均等割や法人事業税の外形標準課税をどのように捉えるべきなのかと

いうことに関しまして，そもそもそのような課税をやめるべきかも含めて，先生はどのようにお考えかをご教示願えれば幸いに存じます。

田中（同志社大学）　私は，説明の道具としての応益課税論は，1つの便宜的な方法かなとは思います。およそ国や地方団体で利益を与えないのはあり得ないはずですから，当然それはそのとおりだと考えます。私が気にしているのは，配分基準論として応益性の議論を使ったらどうなるか。その1点のみです。

　非常に空想的といいますか，そういう議論で言うと，それこそ，あなたは今日はこの道を3km歩いたから300円だとか，そういうふうにその人が受けた利益を排他的ないし特定的に固定して課税するのは論理的にはあり得ると思うのです。私は，やるのなら，それをしなさいと言っているだけです。それができない

のに，「あなた，利益があるでしょう」と，いわば取ってつけたような，ちょっと強い表現で言うと，おためごかしのような説明をして，課税を正当化するのはあまり関心はしないのではないか。そういう文脈で申し上げたことが第1点です。

　それとの関連で申し上げますと，特に法人事業税については，赤字法人にも課税が生じます。私は公的財源の基礎はやはり所得だと思います。所得がないのに課税をすることに関しては，絶対それは不可能だとまでは言いませんが，相当慎重であるべきである。そういうような文脈で申し上げています。これもいろいろ評価が分かれると思いますが，そういうような観点から，かつての銀行税だとか，あるいは神奈川の特別企業税のようなものには，基本的には賛成しかねるという考え方を私としては持っています。私は立法論的に言うと，法人事業税のうちでも，所得割以外のものについては，できる限り抑制的ないしそれがもし廃止できるものであれば廃止したほうがいいのではないかと考えています。

　なお，ご質問にありましたような，法人住民税の均等割については，私もこれを応益的な理由から説明するのも少し問題があるのではないかと思っています。それを廃止せよとまで言えるかどうかという点に関しては，報告でも少し申し上げましたように，ある程度のそれ相応の担税力を持っている人が，地域住民を支える一種のシンボル的なものとして，負担がそれほど大きくない形での均等割は，一定の合理的な限度であれば，それをもって担税力に反するとまで言えるかは，今のところ，それほどの強い自信はありません。ただ，突き詰めると，できれば，そういう均等割はないほうがいいといえば，そのとおりだろうというふうには思います。

司会　続きまして，同じく田中先生宛てに，LEC会計大学院の小山先生から「法人税の法的性格—法人擬制説か法人実在説か」について質問がございます。

小山（LEC会計大学院）　田中先生にご質問ですが，昨日ご説明いただきましたレジュメの2ページ目に，「法人税の法的性格—法人擬制説か法人実在説か」というご説明がありましたが，日本の法人税制は，私どもも承知していますが，法人擬制説の考え方によりスタートしています。しかし，今日の大企業の実態からして，法人擬制説というよりも，法人実在説的な考え方のほうが適合していると思われます。これに対して，中小企業については法人擬制説的な考え方が適切であると考えられます。特に受取配当の益金不算入制度について議論が最近なされていますが，これによりまして，法人税の課税体系を大企業と中小企業に区分し，制度設計を考える必要があると私自身は思っています。この点につきまして田中先生のお考えとご教示をよろしくお願いしたいと思います。

田中（同志社大学）　私自身は，まず基

本的には設計図をどうつくるかというところが一番の勝負どころだと思います。その上で，日本の所得税も意識した法人税の設計図は，相当程度いろいろな修正を加えられてはいるが，なお法人擬制説という性格は失われていないだろう。それが1つです。

もう1つは，シャウプ税制が採用した法人擬制説は，私は少なくても理論的にはいい考えだと思う。結局法人は個人がどうすれば自分が利益を最も得やすいかということで，法人に対して出資をし，法人を使って仕事をさせ，その配当を手に入れる。

そうすると，本来は，私は株主が配当を得る等をした場合には総合累進課税を徹底すべきだと考えます。これは突き詰めると，法人税をたとえなくしてでも，全て個人所得課税に分解した上で，それで配当として手に入れるか，あるいはキャピタルゲインとして手に入れるものに対しては，原則として総合累進課税に含めせしめるべきである。それを根底から崩して，金融所得課税の緩和を進めているのがむしろ問題であって，私はそのような方向性をめざすべきであると思うし，少なくともシャウプはそのようなことを考えたのであろう。私は，そのようなシャウプの基本的な理念や方向性に忠実に従わなかったのが基本的な問題であると思っています。

確かに社会的，経済的状況の変化によって，ひょっとしたら法人擬制説的な考えが，その時代に即さないという状況もあり得ると思います。そういう場合には，こういう状況だから制度設計を変えます，とすればいいということになります。基本的には法人の存在はそういうものであろうと思っているので，設計図に忠実に制度の組立てを考える。原点に返って考えるべきではないか。そういう思いが強いので，ああいうふうな報告をさせていただきました。

先生が今ご指摘になったような現実から法人を見るとどうだという点に関しては，私は，現実の知識や資料も十分持ち合わせていないので，大企業は法人実在説で，中小は法人擬制説であるという考え方について，十分な評価を今することはできません。なお，先生のようなご指摘を他の先生もされていますので，そういう考え方があるのは十分承知をしています。

法人と個人との関係はどう考えるのか。その原点から考えると，私は今申し上げたような，少なくとも理論上の出発点というのでしょうか，検証する場合の基本軸はそこからまず始めていって，ひょっとしたら，最終結論としては，先生のおっしゃったように，やはり日本は，法人擬制説一本で判断するのはおかしいのだということになるのかもしれないというふうには思っています。そういう可能性を全く否定するわけではありませんが，今言ったような少なくとも設計図をきちっとしたものにつくって，それを絶えず

現実と理論の両面から検証したい。そういう思いがあって、昨日の報告をさせていただいたということです。

司会 それでは次に、望月先生に対して税理士の武石先生から、アメリカの法人税改革についてお願いします。

武石（税理士） 望月先生、貴重なアメリカの法人税の改革とS法人課税のご教示、ありがとうございました。

私は最近、アメリカの独立宣言・バージニア権利の章典から、現在にかけて、アメリカ政府の税制に対する考え方がどのような基本的認識の下でなされているのかを研究しています。

今日、アメリカの国民の大多数は、政府が、自分たちのために政策を実施していない。すなわち、ほんの一握りの資本家と企業家のために政策を講じていると考えているのです。国内では、アメリカ国民の自由権のあくなき追求、アメリカ国民だけを守秘するために、国外では、経済的自由権を限りなく追求、国内と国外とで、ダブルスタンダードを駆使することで、国外の人々に租税負担増をさせることで、その国の人々を困窮させているのではないかと、私は、思っているのです。

したがって、アメリカの個人の尊厳、正義という概念が、アメリカ税制にどのように影響を来しているのか、ご教示をお願いいたします。

望月（立命館大学） 武石先生ご質問ありがとうございます。ご質問はアメリカの税制や税に対する非常に基本的かつ根源的な考え方に関する内容のため、簡単にお答えするのは難しいのですが、まず、今回の報告の趣旨や背景を補足的に説明させていただきたいと思います。

私が今回のシンポジウムのテーマである中小企業課税を担当するに当たって、当初はアメリカの中小企業課税制度としてのS法人課税の現状と課題に絞った形で準備を進めておりました。しかし、S法人課税の意義を明らかにするには、S法人課税として見るだけではなくて、アメリカの法人税全体やその改革の議論の流れを見る必要があると思いました。また、今回の報告の前提として、1980年代のレーガン税制以降のアメリカの法人税制の考え方の推移を追うことも重要と考えました。そこで、レジュメの内容から離れて、報告の冒頭でその点について補足させていただきました。

そもそもアメリカの税制は、大雑把な言い方になりますが、共和党と民主党の二大政党の政治的な駆け引きの過程で形成されてきたといえます。すなわち、共和党政権は企業や資本家に対する減税や産業政策を重視してきたのに対し、民主党政権になると所得分配の目的から企業や資本家への課税を強化し、それを財源として社会保障を推進する政策がとられてきました。特に、1980年代以降の30年間は、共和党のレーガン、ブッシュ父子政権は、減税と産業政策重視、民主党のクリントン政権は増税と社会保障重視

の税制をとってきました。

 しかし,今回のオバマ政権による法人税改革は,これまでの民主党政権の基本路線とは若干異なり,国際競争力に配慮して法人税率の引き下げを行いつつ,課税ベースを拡大して税率引き下げ分の税収を確保するという提案です。すなわち,減税でも増税でもなく税収中立的に,厳しい財政事情の中で国際的要請に応えて法人税率を引き下げるという「苦肉の策」ともいえるのが,今回の法人税改革の議論です。これは日本の最近の法人税改革の方向性と同様です。私の報告の前半部分は,そのような法人税改革をめぐる議論の状況を整理することを目的としていました。

 ところで,武石先生のご質問は,このような法人税改革の状況について,アメリカにおいて建国以来醸成されてきた税に対する基本的な考え方や正義の意識がどのように影響しているのかということだったと思います。今回の法人税改革議論の中で,まず法人税率の引き下げという点は,アメリカ国内の要請というより国際的な法人税率の引き下げの流れへの対応という要素が強いといえます。それに対して,国内では平均・限界実効税率をGDPの加重平均でみるとアメリカの法人税率は決して高くないという議論もあります。

 次に,課税ベースの拡大ですが,この点については,日本の租税特別措置の廃止の方向性と同様に,「租税歳出」によるさまざまな負担軽減措置による不公平の是正という意味では,単に税率引き下げ分の税収の確保ということだけでは説明できない税に対する基本的な考え方や正義の意識につながる面があると思います。

 今回の法人税改革の議論の中で,一番税に対する考え方や正義の意識が強く影響していると思われるのは,報告では簡単にしかふれませんでしたが,国際課税に関する部分かもしれません。近年,グーグルやアップル,スターバックスなどに代表されるようなアメリカの多国籍企業による行き過ぎた国際的租税回避がアメリカ国内はもちろん国際的にも批判の的となっています。これらの企業は,各国の税法や租税条約の抜け穴を利用して,国内はもちろん,国際的にも正当に税を支払っていない実情があります。このようなアメリカの多国籍企業の行き過ぎた租税回避行為に対して,国内的にも法人税改革により一定の歯止めをかけるということも,その背景には税に対する公平性や正義の観点からの要請があると思います。また,この点に関しては,先月最終報告書が公表されたOECDのBEPSプロジェクトによる国際課税の調和と協力の枠組みに,アメリカがどのように対応していくかともかかわってくるはずです。

 そのほか,アメリカの税に対する考え方や正義の意識は,一昨年の本学会の大会で名城大学の伊川先生が報告された

「バフェット・ルール」に代表される格差是正のための富裕層に対する課税のあり方の問題にも関連してきます。その点につきましては，租税理論研究叢書24の伊川報告やその折の討論をご参照ください。

アメリカにおける税に対する基本的考え方や意識が，独立以来今日まで歴史的にどのように変遷してきたかについては，私の納税者の権利の研究とも関連する重要なテーマといえます。今後の研究課題とさせていただければと思います。

松井（税理士） 望月先生，S法人課税について教えていただきましてありがとうございます。

私の質問は，せっかく報告なされた件について，我が国での導入が実現可能なのかどうかお聞きしたいと思います。

中小企業に対する税負担軽減は，我が国の場合，税率を抑えたりしているわけですが，先ほど法人擬制説による課税もあったのですが，そういう既存の法人税の枠内で中小企業に対する税負担の軽減を考えるよりも，アメリカのS法人なりパートナーシップなりの個人段階で捕捉して課税するほうが私個人的には実態にかなっており，それゆえ課税の公平にもかなうと思います。その点，アメリカのS法人課税は導入すべきメリットは，理想論かもしれませんが，私はあると思う。我が国の場合，給与所得控除があるものですから，それを残したままでS法人課税することは実現困難かもわかりませんが，あり得るべき方策だと思っています。先生には，我が国での実現可能性についてご教示願えたらありがたいと思います。

望月（立命館大学） 松井先生ご質問ありがとうございます。今回の報告の目的は，あくまでアメリカの法人課税改革に関連してS法人課税やその見直しの議論がどのような意味をもつかを紹介することに主眼がありました。

その点を確認した上でご質問にお答えすれば，日本へのS法人課税制度の導入の可能性については，おっしゃるように中小企業課税の一つの選択肢として考えられると思います。ただし，それには従来から議論がある組合に対する課税や合名会社，合資会社，会社法制定時に導入された合同会社，有限責任事業組合などの各事業体や近時問題となった外国事業体に対する法人課税のあり方なども含めた法人税の抜本的な見直しに向けた議論が必要になります。そして，それは法人税の課税主体となる「法人」とは何かという根本的な問題にもつながってきます。そして，先ほど小山先生から田中先生へのご質問とも関連しますが，大企業に対しては法人実在的な考え方，中小企業に対しては法人擬制説的な考え方といったように使い分けることが制度設計上可能かどうかということも問題になります。

報告でもふれたとおり，アメリカではC法人である大企業は，法人段階の法人税と株主個人段階の所得税の二重課税を受けることになります。その背景には，

アメリカが法人税において，法人実在説的な考え方を採用していることがあります。

そして，法人税率も累進構造を採用しています。この二重課税を調整する手段として，S法人をはじめLLC，パートナーシップの選択があります。それは中小企業に対する支援措置の性格もありますが，法人税と所得税の二重課税の排除という要素も大きいといえます。

また，中小企業に対して法人段階での課税をすべきかどうかについて，アメリカのS法人の約8割は実態的に1人または2人から構成される個人事業とあまり変わらない零細な法人であり，オーナーが1人あるいはオーナーとその配偶者が1人という規模の法人がほとんどといわれています。このような法人がS法人の選択をしていることを考慮すれば，この8割の法人にパス・スルー課税を適用し個人段階のみで所得税を課税するのはより実態に即した課税といえます。

それに対し，残りの約2割のS法人は，法人としての実態があるものの，法人段階での課税を回避するために，S法人の選択を利用しています。さらに，そのうちの約2％は大規模な公開企業に近い実態を有しているにもかかわらず，S法人選択をしています。報告でも述べたとおり，S法人課税にはそのような問題があります。結局，S法人課税は，中小企業の実態に即した法人擬制説的な考え方を徹底した制度といえますが，要件を満たして選択を行えば法人としての規模や実態が大規模な公開企業に近いものであっても法人段階での課税を回避できます。

そのほか，S法人課税の導入の実現に向けては，S法人の要件や手続を具体的にどのように規定するかなど，アメリカでも導入から約55年見直しが重ねられてきた制度設計上の難問も存在します。また，アメリカのS法人課税とパートナーシップ課税のように，組合課税との関係なども問題になります。

ご質問のS法人課税の日本への導入の可能性を考えるにあたっては，そのような問題もふまえて考える必要があります。

司会 松井先生，追加・補足的な質問がございましたら。

松井（税理士） 私は，8割のほうのことについてお聞きしたのですが，（わが国の場合には，）実際個人の会社で，給与所得控除を使う形で，法人成りをするというのがほとんど実態ではないかと思うのです。法人にすれば，法人としての課税スキームもあるということで，担税力のない中小企業を理由に，（本来負担すべき所得税を合法的に免れるというのが）入ってくるわけです。先ほど申しましたように，あまりよくない，理論的ではないと思っています。先生のおっしゃるように，実態的に個人だと見られるものは個人として課税するのが理想だと私は思っています。そういう意味で申し上げました。

それから，法人擬制説的な考え方とい

うことですが，アメリカについては，承知しているわけではないのですが，もともと個人の受取配当には税金（普通税のこと。免税点の高い付加税を除く）をかけないということだったと思うのですが，1936年の税制改革（歳入法）で普通税を課税するようになって，実在説的課税になったのではないかと私は思っています。それまでは法人擬制説的な課税をアメリカはとっていたのではないか。個人を課税する場合に，その代わりに法人を課税する。そのようなニュアンスがあったのが，1930年代から実在的な課税にいったと私は思っているのです。

サイモンズ（H. C. Simons）さんという皆さんご承知の学者が，"Personal Income Taxation"（1938）という著書のなかで，（未分配の）法人所得を個人に分解することは不可能である。どういうことをしても不可能であるから，その代わり法人所得に課税する（正確には留保利潤税を課税するメリットがある）のだと，書いておられたように思います。だから，この辺りもその後のシャウプの法人擬制説とは違うと思うのですが，（法人にもいろいろあり，企業規模等によっては）法人段階で負担の調整を考えるというよりも，法人で課税する，あるいは法人で課税すべきでないことがあると思うのです。そこらへん，先生の言い足りないことについてまたお答えいただけるとありがたいのです。アメリカの歴史における法人擬制説，法人実在説…。

望月（立命館大学） おっしゃるとおり，アメリカの法人税において，法人実在説的な課税が導入されたのは，1930年代のフランクリン・ルーズベルト大統領のニューディール政策のころだったように記憶しています。たしか，企業の内部留保に対して課税する留保利潤税（undistributed profit tax）が一時的に導入されたのと同時期で，租税政策として集中的に法人への課税が強化され，法人間配当への課税や税率構造に累進税率が導入されました。留保利潤税は3年ほどの短命に終わりましたが，法人税における二重課税や累進税率の適用という今日の法人実在説的な課税の起源がこの時期にありました。

それ以前の時期の法人税を法人擬制説的な考え方によるものとして位置付けてよいかについては，所得税とは別個に基幹税として制度が確立していく過程であったことを考慮すれば，必ずしもそうはいえないように思います。

アメリカの場合，歴史的に個人への所得税の税率が高かったために，法人に利益を留保しておけば，高い所得税の負担を回避できました。それを防止するためニューディール期に留保利潤税や累進税率などが導入された経緯があります。したがって，松井先生のおっしゃるとおり，法人実在説と法人擬制説の対比でアメリカの法人税を考えるのは適切とはいえないかもしれません。我々が大学の講義で法人税の性質を説明する場合にも，最近

はあくまで便宜上両説の対比を用いていることを断ったうえで話をしています。今回の報告や討論において，わざわざ「法人実在説的」と「法人擬制説的」と表現しているのも，そのような含みがあります。

司会 ありがとうございました。昨日，摂南大学の後藤先生から質問票を提出されていまして，望月先生に対する質問票ですが，本日欠席ですので，私が質問を代読させていただきます。

「本題からはそれますが，アメリカの小さな企業におけるイノベーションが盛んですが，イノベーションと課税に関してはどのような議論がありますか」というご質問です。

望月（立命館大学） 報告レジュメの2の(1)「オバマ政権の法人税改革の基本方針」をご覧いただくと，5つの税制上の基本方針の2番目がまさにアメリカの製造業の競争力強化と技術革新の向上を掲げています。これは主に大規模な製造業を中心に試験研究費控除の控除率の引き上げや再生可能エネルギーの生産税額控除の恒久化などを内容としています。

それに対し，中小企業のイノベーションの推進については，基本方針の4番目の中小企業の負担軽減のなかで，中小ベンチャー企業の申告事務負担の軽減や設備投資や開業費の即時償却の上限金額の引き上げなどが提案されています。

アメリカでは，1980年代以降，産業政策の一環として，イノベーションを推進するためのさまざまな税制上の優遇措置がとられてきました。また，今回の報告の後半でふれたS法人やLLC，パートナーシップといったパス・スルー課税の適用を受ける事業体の多様化も，中小企業のイノベーションには大きく寄与しているように思います。すなわち，設立の事務負担やコストもかからずに，有限責任かつ法人税の課税を受けない事業体を起業やインキュベートの仕組みとして利用することによって，技術革新や新しい産業の芽を育ててきた面もあります。したがって，このような事業体の多様化も，イノベーションに配慮した税制として機能しているといえると思います。もちろん，アメリカには税制だけではなく，起業やベンチャー支援のさまざまな制度があり，それらによって総合的にIT産業を中心にイノベーションが進められてきたことは言うまでもありません。

司会 引き続きまして髙沢先生のご報告に対するご質問があります。最初に安井先生から髙沢先生に一般に公正妥当と認められる会計処理の基準等に関して，3点にわたってご質問がされていますので，お願いいたします。

安井（立命館大学） 髙沢先生にご質問ですが，まず1点目としまして，今日の報告のところでは，2ページの「公正処理基準の代表的な租税判例の検証」の第1段落の最後に，法人税法22条4項の一般に公正妥当と認められる会計処理の基準に該当するか否かについては，裁判

所の判例に基づくことになるとご指摘されています。

そもそも税法は侵害規範でありますから，本来なら行為規範であるべきです。それにもかかわらず，裁判所の判断が出ないとわからないということでは，不確定概念として租税法律主義上問題があるのではないかというのがまず1点目であります。

2点目ともかかわるのですが，不確定概念は，税法でもいろいろ規定されていますが，ただ，この規定の趣旨から，その内容が明らかになるようなものであれば，趣旨解釈によって課税要件規定の内容が明確にできるようになりますから，租税法律主義の観点から問題はないとされています。

その観点から，法人税法22条4項を考えますと，法人税法22条4項の趣旨は，所得計算の簡素化にあるとされています。これは挙げていただいています東京高裁平成25年7月19日判決でも認められているもので，裁判所もそんなような趣旨だと認めています。そういうことからしますと，22条4項の一般に公正妥当と認められる会計処理の基準に該当するか否かは，企業会計で認められる会計処理の基準によることなのだということは，趣旨解釈からも明らかになります。そういうのがあると，裁判所判例に基づくのだというところで，しかも裁判所判例も，例えば先ほど言いました東京高裁平成25年7月19日であれば，そういうふう

に認めておきながら，結論といいますか一般論を受けての部分では，企業会計と常に一致することを規定するものではないという結論になっていまして，これは，私などは矛盾しているのではないかなと思うのです。この点，どのようにお考えなのか。

1番目と2番目がごっちゃになっていますが，まず1点目として，もし裁判所の判例に基づかないといけないのだということであれば，それでなければわからないのだということは，租税法律主義上問題であろうということ，ここに対するお考えはということと，2番目の東京高裁平成25年7月19日の判断に関して，もうちょっと補足的な，裁判所はどのように考えているのかということを，今までの研究のところでおわかりの部分でご説明いただければと思います。

これと，3番目はまたちょっと別の観点ですが，図表としてまとめられている判例の代表的な租税判決というところで，東京高裁平成14年3月14日判決，これは興銀事件と言われるものの高裁判決に当たると思います。興銀事件については，その後，最高裁平成16年12月24日判決が出ています。最高裁では，結論として真逆の判断をされていて，企業会計基準に沿う形での判決になっています。

そうしますと，確かに最高裁判決では，22条4項に関して明確には答えていないのですが，最高裁判決の論旨からしますと，この事件における貸倒損失が22

条3項3号の損失に当たるのだということを判断していますので，法22条4項の公正処理基準の部分も判断の根底にはあるだろうと考えられます。そうすると，この最高裁判決は，東京高裁の22条4項のこの判断に関して，それを破棄していると読むのが素直な見方かなと思いますので，なぜこの東京高裁判決がここで一旦出されているのかということです。これに関してご説明いただければ幸いと思います。

司会 この件は，本村さんからお願いします。

本村（大東文化大学） まず1点目のご質問についてです。法人税法22条4項による一般に公正妥当と認められる会計処理の基準に該当する否かは，裁判所の判例に基づくことになるとの指摘の部分についてのご質問ですが，この点に関しては，安井先生がおっしゃるように，税法なるものは侵害規範であり，行為規範であります。その点から考えていけば，やはり不確定概念として，租税法律主義の問題なのではなかろうかということでした。私自身，個人的にも安井先生のご意見に賛成です。

しかしながら，そこから考えていくと，2点目のご質問ともかかわってくるのですが，これを不確定概念といってしまうと，22条4項の目的なるものが税法の簡素化というとこにありますから，ここに疑義を呈していくのは根底から議論ができなくなってしまいます。

次に，2番目のご質問にございましたとおり，法人税法22条4項の趣旨なるものが所得計算の簡素化にあるということで，やはり法人税法22条4項は，そういった意味では，会社法や会計基準というところに委ねてのその簡素化を図っているところに意義があろうかと思います。そこに関して東京高判の平成25年7月19日判決は，判旨の部分において，企業会計と常に一致することを規定するものではないと述べています。その点に関してどう考えるかということでご質問がありましたので，若干報告の時間では説明し切れなかった部分を私から補足させていただきます。

俗に言うビックカメラ事件の東京高判平成25年7月19日判決，その原審が東京地判の平成25年2月25日が当たります。この原審判決に若干補正を加えるような形で全面的に引用して，この東京高判は判断を下しております。

このビックカメラ事件の地裁は，法人税法22条4項は，同法における所得の金額の計算に係る規定及び制度の簡素化とすることを旨として設けられた規定であるとの前提に立ち判断を下しているのですが，そこから一般に公正妥当と認められる会計処理の基準，これは括弧書きで税会計処理基準という新たな文言を使いながら判断を下しているところに特徴がございます。何故に，定義すら定かでない税会計処理基準を用いたかはわかりませんが，不確定概念といえばまさしく

この文言かと思われます。

　また，この税会計処理基準に該当するか否かの判断については，法人税法の固有の観点から判断をすべきと述べています。そこから考えると，法人税法の固有の観点とはどういうものなのかと考えましたときに，原審は，その前提として大竹貿易事件の最高裁判決なるものを引用しています。これがリーディングケースとして後の下級審判決に影響をたぶんに与えていて，ここのビックカメラ事件においても，大竹貿易事件の判断枠組が採用されています。

　そういった意味から考えますと，税会計処理基準，法人税法の固有の観点なるものは，課税の公平というところを一番言いたいのではなかろうか。課税の公平を害しない会計処理の基準が，法人税法22条4項が言う公正妥当な会計処理である。これがイコールである。この部分をいわんがために企業会計と常に一致することを規定するものではと述べたのではないかと思われます。

　もう少し考えを進めていきますと，税会計処理基準と公正会計基準とが常に一致するものではないと述べた背景には，本報告のテーマである会計基準の複線化たる背景も，裁判所の裁判官の頭の中にはあったのか。そういったところをイメージしながら，税会計処理基準と公正会計基準というところで比較しながら，目的に合致するものを会計処理基準として認めていくのだということを言っている

のかと考えております。この点，ご回答になっているかどうかわからないのですが，2点目に対するご回答をさせていただきます。

　次に，3点目の判例研究の部分で，いわゆる興銀事件，レジュメの5ページ目，東京高判平成14年3月14日の興銀事件の高裁判決ですが，何ゆえに最高裁においては破棄されたのにもかかわらず，この裁判例を引用するのかというところに関してですが，同高判の判断は法人税法の趣旨・目的と会計処理の基準との整合性の観点から判断を下したところに特徴を有しています。そうすれば，納税者が選択したところの会計処理を，いかなる判断枠組みで否認するのかというところで選んだところが率直な回答になります。

　というのも，納税者が選択したところの会計処理を否認した枠組みの中で考えていくと，リーディングケースとしては大竹貿易事件最高裁判決が挙げられようかと思います。そこから時系列的に考えて，東京高判平成14年3月14日は，大竹貿易事件最高裁判決と同様の観点から判断を下したものか検討する必要がございましたので，検討対象とした次第です。

　以上が回答というにはほど遠い内容かもしれないのですが，私からの回答とさせていただきます。

司会　安井先生，何か追加して質問，ご意見，よろしいですか。

安井（立命館大学）　ご回答ありがとうございます。いろいろなお考えがあると

いうので結構かと思うのですが，2番目の点の22条4項の一般に公正妥当と認められる会計処理の基準をどのように考えるかというところです。これは課税要件規定なので，特に法人税法の規定の構造がほかの税目と比べて極めて特異な構造になっている。所得計算のベースの部分を企業会計に委任している―委任というと言い方が悪いのかもしれませんが，基本的にこれをベースにすると，それは趣旨としても裁判所が認めているということなので，そこに関して常に軸のものではないのだと。企業会計等の22条4項にこの会計処理が常に一致するものではないだというと，ベースの部分で，まさに課税要件の極めて根幹の部分に関して，何か規定がないのに，裁判所でこの処理基準を使うのは公正妥当ではないのだということで判断が出てしまうと，納税者の税負担，納税という観点から考えると，極めて問題がある考え方ではないのかと私は思ってしまうのです。

　私は授業で法人税法の説明をする際には，基本的には会計をベースにして，ただ，当然会計と税法では考え方に違う部分がありますから，違う部分に関しては税法で別な定めを置いて，それで会計とは別の処理を行う。そういう規定を法人税法ないしは，租税特別措置法の部分に定めているのだと。

　これはまた法人税法の極めて特殊な構造だと思うのですが，その構造からして，このような特に東京高判平成25年7月19日のような判断は，課税要件規定がないところに課税するようなものになりかねないちょっと危険な考え方ではないかなと思います。裁判所がこういうふうに言っているのですが，それに対して一定批判はしてほしいなというのが私の率直な思いでありまして，これを原稿にされるときに，ちょっと取り上げていただければ，私もうれしいなということで，応援者なのでよろしくお願いします。

本村（大東文化大学）　安井先生，ご教示ありがとうございます。私自身も安井先生のご見解に賛成ということで考えています。というのも，本報告においては，正直なところ，考察は，私自身の考察の部分は入れずに，客観的に分析をしていこうというところが報告の中の私の仕事でしたので，個人的な見解というところでは差し控えさせていただいたのですが，あえて，私なりのビックカメラ事件東京高判に対する私見を申せば，安井先生がおっしゃるように，まず納税者側からしたら，いったいいかなる会計処理の基準が公正妥当なのか，予測ができず，不明確な判断内容となっていると思われます。

　そういうところで，法人税法22条4項はいろいろ問題なのかなというところは，私も非常に感じていまして，しかも，東京高判平成25年7月19日は，法人税法固有の観点から判断するなどという言葉を使って，その観点から，企業会計上の公正妥当な会計処理基準，いわゆる公正会計基準とされるものと税会計処理基

準が常に一致するものではないと言っているのですが，はっきり言って，回答にはなっていないところが率直なところです。この点，この判決文の内容から，納税者の予測可能性は担保できない。その観点からしたら，ビックカメラ事件については，私も大反対の裁判例です。

　もう1つ付け加えさせていただきますと，裁判例を時系列的に当たってきまして，私が個人的に気づいたところは，納税者が採用した，会計処理基準がたとえば，収益計上につき利益操作につながるか否か。この点は非常に大きなファクターとして判断しているところが，本研究で私がわかったところです。この点のみとは言いませんが，非常に重要な判断要素としては，利益操作につながるか否かというところを裁判所としては非常に注意深く判断を下しているのが，本研究でわかったところでございます。

司会　続きまして，青山学院大学の中村先生から4点にわたって質問が出されていますので，お願いします。

中村（青山学院大学）　今のやりとりで，私が聞きたいこともだいたい答えが出ているのですが，少しだけ確認を兼ねてご質問しておきたいです。

　1つは，今日挙げたのは企業会計基準というのがあって，それが要綱とかガイドラインとかそういう指針という形になることのようですが，それがいったい法律上のレベルでどういうふうな値になるのかというのがたぶん言いたかったこと

ではないかと思うのです。その前に，今やりとりのあった枠組みの中でどういうふうに考えればいいのかということを，もう少し整理していただいたほうがいいというのが私の聞いていた感想です。

　それはなぜかというと，今やりとりがありましたように，1つは法人税法22条4項で処理している部分がある。これについて今日は触れない場だったのですが，会社法の計算規定の中の最初のところに，やはり同じように公正処理基準。ちょっと公平な会計監査の部分を言っていたのではないかと思います。1つは，違う表現の形で継続があるのではないか。ほぼ同じような原文がある。

　その2つの関係，あるいはそれをどういうふうに見るのか。今日のお話では，あるいは企業会計原則のようなものはいったいどちらの原則で見るのかというのがありそうな感じがするのです。しかも，商法の企業会計規則という形で計算規定があって，こういう形で定められたものもあるわけです。中小企業の場合は，単にガイドラインというか，要綱になるものですので，それと同列に当たっていいのかどうかとか，こういうような問題もありそうな気がしたのですね。そういう意味で，これをどういうふうに位置づけて，どういうふうなものとして考えていらっしゃるのかというのがちょっとわからなかったものですから，こういうご質問をしました。

　それと，何を問題にするかということ

になるのですが，先ほどお話があったように，法人税法22条4項は，税法上の原則として公正処理基準がある。これに対して，会社法上はそうではなくて，要するに，会社の計算の規則の原則として公正処理基準があって，それをもとに公認会計士の監査とか，そういう形でそれが適用されているとなっているような感じがするのです。その関係はどういうふうに捉えていて今日の報告をされたのかを聞きたかったのが1つの質問です。

あと2つ目は，そもそもこの問題は古くて新しい問題ですね。しかも，故北野会員と富岡会員との間でかつて論争があった問題なわけです。これは会計という雑誌に連載されています。これが北野先生の岩波の法人税法という本の中に一部入っているのです。北野先生の考え方は，私はそれを読んで理解しているのですが，どういった捉え方があるのか理解できないところがあるのです。

北野先生の言い方は，法人税法22条4項は，生の税務会計の問題がそこにくることはないんだという捉え方ですね。つまり，一度企業と計算のレベルでまず処理がなされて，公認会計士の監査を受けて，しかも，その結果について株主総会で議決を受けて，それを前提にして法人税法の計算の前提になるのだという捉え方になっていますね。そういう考え方をとっているわけです。それに限っては，生で法人税法なんかの費用の問題として，22条4項が適用される問題はあまりなさそうだという捉え方のように考えられるのです。

そこで，さっき言ったように，では，最初のところで企業会計ベースのレベルでは，公認会計士の間で特別な場合について一定の基準を定めるので，勧告を行ったというぐあいに，その基準を税法上の基準にも持ってきている。4項でやったのだから，税法上も適用ですよといった場合に，果たしてどういうふうに見たらいいのかという問題がたぶん最近の問題だと思っている。だから，ここはちょっと考えていただく必要があるように思うので，そこの部分を聞いてみたいということです。

あとは，デット・デット・スワップということをおっしゃっていたのですが，このデット・デット・スワップというのは，例えば法人税法上，損金経理を一定の規定を置いて認めているわけです。これは中小企業だけといった問題について，こういうような処理が一番望ましいのだと思うのですが，これは特別規定がないと無理だということになるのだと思うのです。ただ，どうも後のほうにつけられた資料を見る限り，例えば会計単位とか，そういうものは関与するのだから，こういったケースを加えるのと同じであってほしいということを述べてあるのかという気がしたのです。しかし，それはそれなりの税法上の対応が，規定上の対応は必要ではないかなという気がしたものですから，これもあわせて質問してみたい

ということです。

小山（LEC会計大学院） 中村先生，ご質問ありがとうございました。小山からご質問にお答えさせていただきます。

まず，歴史的な経緯をちょっと補足させていただきますと，本日はお見えいただいていないんですが，本学会の富岡幸雄先生から，私も随分前ですが，研究学会でご教示いただいたことがございまして，法人税法第22条4項は，昭和42年に会計学の研究者の立場から国税庁等に要請をして，いろいろ古い意見書なんかも残っていますが，企業会計の立場から，ある程度決算書の一般的な会計処理については，企業会計を尊重すべきじゃないかという議論があったということをお聞きしました。それが実現したのが昭和42年の税制改正で，法人税法第22条4項に公正処理基準として規定されたのです。この点について，小山，よく覚えておけとご教示いただいたことがあるのです。

それは事実だったと思うのです。といいますのは，企業会計の会計学の立場から見ますと，先ほど先生が言われたように，現在の日本の会計制度は，会社法会計，それから金商法会計，そして税務会計，この3分野で構成されています。これは会計学の分類からいたしますと，制度会計と一般的に言われていまして，法律に規制された会計であるということでよく紹介されているわけであります。結局，それを会計学の立場からみると，トライアングル体制でいろいろ影響を受けながら成り立っているのが，制度会計の重要な役割を示しているのだと説明がなされているわけです。

それをちょっと考えてみますと，それぞれまず前提として，先生から先ほどご指摘いただいた会社法の計算書類の作成については，当然会社法は強制法規で，大企業，中小企業全社それに従って，財務諸表である計算書類を作成しなければなりません。それは当然以前の商法から入ってきますと，目的といいますか，債権者保護であるとか，株主保護の考え方がそこに織り込まれてきている。金商法会計は，一般の大企業がだいたい対象になりますが，それは投資家保護であります。企業へ投資をしていただく方たちのための財務諸表の作成であります。さらに，安定的な税収確保と課税の公平を目的とした税務会計があり，法人税法会計とも言われています。今日，問題になっている法人税法がそこに存在しているのです。

ただ，その3つのトライアングル体制の中で，財務諸表をそれぞれ作成しているのは会社法会計と金商法会計の2つであります。当然企業会計基準に基づいて作成しますが，ある程度表示が変わったりしますが，内容的なものは実質は同じになっています。つまり実質一元ですよということになっています。

ただし，法人税法会計は，富岡先生のお若いころの論文を拝見したことがある

のですが，昔は税務財務諸表をつくるべきだという立場をとっていらっしゃったと思うのです。ですが，迅速な課税所得の計算を行うため，当然大企業ならともかく，中小企業の立場に立ちましたら，会社法の計算書類は全社つくるわけですから，その当期純利益に基づいて別表4で調製をして，迅速に課税所得計算を算定するようにしたのだということが，今の計算体系になっていると思われます。

先ほど先生からご質問いただいた公正処理基準について補足させていただきますと，昭和42年当時，富岡先生のお言葉を借りれば，企業会計を尊重して，法人税法第23条以下に規定がない部分については，企業会計の会計処理を尊重していくべきだということが，当初の昭和42年の導入の趣旨だったと思われるのです。

ところが，なぜ今回の研究テーマに公正処理基準を，特に中小企業における公正処理基準の再検討ということで研究をしたかと申しますと，時代の変遷から見まして，公正処理基準が，結局，先ほど安井先生からもご指摘いただきましたように，公正処理基準を調べますと，もう判例がいくつも出ているわけです。それらについてまだ発展途上で，私どもこれからまた綿密に研究は続けていきたいと思うのですが，結局，本来昭和42年に導入されたときの趣旨と，今現在に至るまでの税務当局と納税者側とのトラブルを見ていきますと，何か大きく考え方が変わってきているのではないかと思われます。

中村先生から今ご指摘いただいたように，もしかしたら，これは私の私見ですが，公正処理基準は，企業会計側から見た公正処理基準と，法人税法側から見た公正処理基準と，この2つが併存しているのではないかと思われてならないわけです。納税者から見ますと，先ほどもご指摘がありましたように，法人税法は当然税法ですから，大事なのは法的安定性ないしは，今ご指摘いただいたように，納税者の予測可能性を担保すべきじゃないか。いくら別なところに規定がないとはいえ，結局，先ほどから会計処理の簡素化，企業会計と法人税法会計の乖離をなくそうじゃないかということで昭和42年にできたわけです。ところが，それが最終的には司法の判断である裁判官の判断で，今現在は最終的な公正処理基準の判断は裁判官が決めざる得ない状況になっているわけです。ですから，これについてもうちょっと検証を加えて，なぜこういう路線になってきたのかということを再度検証すべきじゃないかということで，公正処理基準について今回考えた次第であります。

結局，今は私の私見ですが，昭和42年当時は，たぶん企業会計から見た公正処理基準が重きをなしたと思うのですが，先生方の先行研究を見ますと，法人税法の公正処理基準に全面的に企業会計原則の全て，もしくは会計基準を全面的に取

り入れているわけではありません，というのがだいたい通説になっています。ですから，現在に至る公正処理基準が，企業会計から見た公正処理基準と，法人税法から見た公正処理基準がなぜ違うのだろうかということを考えていく必要があるということで，まず研究を始めました。

そして，私の私見ですが，法人税法第22条4項は，当然法人税法では，課税所得計算を行うに当たっては，企業会計の技術的な手法も大事にしなければなりませんが，法人税法は租税法という法律ですので，両方を兼ね備えています。ですから，法的な観点から見る場合と，企業会計の観点から見る2つの方向から見る必要があります。要するに，たぶん税務当局もそうですし，納税者側もそうですし，不動産流動化の問題もそうでしたね。結局，企業会計の立場から見るのか，納税者側から見るのか，税務当局から見るかによって，また法人税法の側から，法的な立場から見るかによって見解がことなる場合があります。

これは最終的に，結局，目的意識の違いにあると思われます。企業会計は，適正な業績利益を利害関係者に対して開示することが目的としています。ところが，法人税法は当然法律ですし，納税者間の課税の公平を図り，かつ安定的な税収確保を行っていくことが目的とされています。ですから，そこの目的意識の違いが根底にあるのではないかなと思っている次第です。そこに行き着くのではないか

なということを今考えている次第です。

ですから，中村先生からご指摘いただいた点ですが，それを踏まえて，本来であれば，本当に統一されて，やはり企業会計から見た会計処理を尊重すべきだという考え方があると思うのです。ただし，私がずっと考えていたのは，法人税法第22条4項は，法人税法の中に規定があるわけです。ですから，もう1つの見解として，これは若干先行研究もあるかもしれませんが，法人税法側から見た公正処理基準という考え方をとるべきだという見解もそこに出てくるのだと思うのです。ですから，そのように公正処理基準を捉えています。

司会 続いて，やはり髙沢先生にということで，税理士の松田周平先生，お願いいたします。

松田（税理士） 1点だけ，今日の髙沢先生のお話とはそれる質問になるのかもしれないので，そのへんはご容赦いただくということで質問させていただきたいのです。

会計と税務の乖離という話がありましたが，税収の立場というか，連結納税が導入されるといった経緯のときに，会計が一緒になっているのだから，そこはアバウトというか，ちょっと記憶が確かじゃないのですが，だから，そこに上がったところで担税力をはかるというか，たしか趣旨があったように記憶しているのです。この問題はどのように評価というか，考えたらいいのか。

私個人で言えば,これはもう法人税法の根幹にかかわるというか,納税義務者の根幹にかかわってくる問題なので,そこをいじってしまうと,税法全体にかかわってくる問題だと思うので,私は,これはちょっとおかしいんではないかなと思ってはいるのですが,そのへんを知っている先生方のご意見をいただければと思いまして質問させていただきました。

髙沢（大東文化大学） 松田先生,ありがとうございます。今回,連結納税制度についてはまだ研究はしていませんが,これは私の記憶では,連結納税制度ができたのは納税企業が個別財務諸表をもとにして連結を行うわけですね。そしてそれについて,結局,連結会計をせっかくやっているのですから,大手企業の要請があって連結納税制度ができたと思われるのです。

ですから,今回の公正処理基準に関連して申し上げれば,個別財務諸表の段階で公正処理基準が当然根底にあると私も考えますし,個別財務諸表が逆にしっかりしていれば,そこで連結会計もしっかりしたものになるのではないかなと思っているのです。松田先生のご指摘のように,連結納税制度という評価,大きな問題も当然出てはいるのでしょうが,そのへんはまだ今後の研究課題にさせていただきたいなと思っています。ただ,個別財務諸表の段階では公正処理基準が当然働いていますから,それは尊重しなければならないなと思っています。それが前提になって連結会計が成り立っていることは認めざるを得ないと思います。それが前提になって連結納税制度もできたのではないかと考える次第です。今後の研究課題にさせていただきますので,ありがとうございました。

司会 髙沢先生にご質問いただいた武石先生からですが,もう既にお帰りですので,私のほうで代読させてもらいたいと思います。

「先生は,企業会計と税法との乖離,企業会計の領域に法人税法の考え方が入る余地がないのではないか。これは別段の定めに規定されるものではないかとお話しされました。企業会計は国際会計基準にますます調和しつつあるのに,税法がどんどん離れていく状況を危惧しながら,日本のみが国際会計基準に離反するのはいかがかと述べています。会計の流れがグローバル化し,国際会計基準と米国基準が接近,日本のほとんどの会計学者,実務家,企業等がこれに同一の歩調をとりつつあると言われていますが,日本の会計制度は最善とは申しません。税務会計は会計学と税法学との間の領域を補充するものとして,税法学の上位規範としての憲法,下位規範としての税法学,それと会計学との立場から,税務会計学を構築してほしいと思うのですが,いかがでしょうか」という質問であります。

髙沢（大東文化大学） 武石先生,今日,お帰りになってしまったのですが,中村先生のご質問も損金経理と別な定めとい

うのもご質問いただいて，それについても関係していますので，ご一緒にお答えさせていただきたいと思うのです。

公正処理基準の問題についてはまだ研究課題の途上にあるのですが，結局，どうしても企業会計は企業会計で，今申し上げましたように，企業の適正な業績利益の開示が目的になっていますし，法人税法は法人税法で安定的な税収確保と，特に課税法で平等ということを前提にして成り立っていることからしますと，いい意味で緊張関係にありながら，ですから，公正処理基準は今研究途上ですが，逆にIFRSがどんどん入ってきても，別に法人税法側はぶれないと私は考えているのです。

と申しますのは，結局，考え方は違うわけですから，目的意識が違うわけで，逆にIFISが企業会計にどーんと入ってきています，と。ところが，それについて課税の公平の見地から考えて，安定的な税収確保をするために，それは申告書上で，当期純利益もしくは包括利益という場合がありますが，当期純利益をもとにするのであれば，IFRSの当期純利益に対して，結局，その会計処理について否認を別段定めて，どんどん定めていくほうがいいのではないかな。ですから，逆に別段の定めで，要するに，日本のベースはぶれないですから，法人税法がぶれないためにも，別な定めをしっかりと防波堤としてやっていくべきではないかなと感じています。その途上で公正処理基準をどのように扱ったらいいのかということはまだ研究途上ですが。

それから，中村先生からいいご質問をいただいたのですが，損金経理，中小企業会計指針と中小企業要領ですが，損金経理はなぜできたかというのも，以前，私もちょっと調べたところ，一説には結局，会社法で全ての会社が計算書類をつくります。それについて，中村先生，今ご指摘のように，株主総会で承認を受けています。その承認を受けた当期純利益に対して，法人税法側では，それに基づいて課税所得計算を行う。ということは，1回吟味した当期純利益を使っているから，これは私の想像ですが，法人税法側では，全てではないのですが，ある程度株主等が承認してくださった当期純利益を使うわけですから，一種の安心感というか，もうちょっと言葉を変えれば信頼性，そういった担保された当期純利益がもとだから，それに基づいて税務財務諸表をつくることなしに課税所得計算を行っているのではないかなと推測している次第です。

武石先生のご質問もそうですが，当然法人税法は法律的な側面と企業会計的な側面，両方兼ね備えていますから，結局，それが1つの法体系になって，法人税法22条は，当然大事な計算の規定だと言われているわけですが，目的の住み分けをそこで法的な立場，企業会計基準の立場をしっかりと意識して，そこで先ほど中村先生がご指摘いただいた別段の定め

をしっかりと定めて規定していく方向に，今後もあるのではないかなと考えている次第です。

司会 以上で質問票で出された質問は終わりですが，もし何か追加して質問をしたいという方がおられれば，口頭で質問をしていただけたらと思いますが，いかがでしょうか。

先ほど中村先生には，次の補足質問はということでしたが，何かありましたら，補足して，追加して質問なりご意見なりを。

小山さんもお答えになったのですが，基本的には，企業会計に基づきました計算処理があって，これは利害関係者である株主に向けて作成されているのは明らかですね。それを研究して，税法上もそれができて課税していて，こうしましょうという構造になっているために，今言ったような問題が起こってくるということではないかと思っているのです。その限りで，それをどういうふうに考えたらいいのかということは，もう少しきちんと実態を踏まえて発表していただければいいのではないかなというのが私の理解です。

もう1つは，中小企業に関連して，今の公正処理基準の観点から，中小企業の会計基準によって処理されたものが認められないことが問題になるようです。特に認められているものは税法上あるのかないのか。それがあるとしたら，それは先ほどの別段の定めという形になるのではないかと思うのですが，そういうような制度的なものはあるのかないのか，私はその部分はあまりよくわからないのです。もしあればお教えいただければと思います。

小山（LEC会計大学院） ご指摘ありがとうございます。先ほど説明をしていなかったのですが，最後の付録を先生方に見ていただきたいと思うのです。

先生がご指摘のように，中小会計要領，指針，両方とも公正処理基準には当然入ってきています。例えば減損会計がありますね。企業会計上の減損会計につきましては，ご承知のように付録を見ていただきますと，固定資産の減損について検討した結果，減損損失の認識，測定が行われ，減損損失50万円が計上されるケースを想定しています。

減損の定義づけが日本税理士連合会の監修のテキストに出ていたものですから，引用させていただきました。固定資産の減損とは，資産の収益性の低下により投資額の回収が見込めなくなった状態をいい，減損処理とは，そのような場合に一定の条件のもとで回収可能性を反映させるように帳簿価額を減額させる会計処理をいいますという定義づけをされています。

例えば，企業会計上の取扱い，日本基準は，個別財務諸表の包括利益または当期純利益の表示については，企業の選択適用とされていまして，大手企業は，連結会計はもう全て包括利益を表示してい

ますが，個別財務諸表については任意ですということで，包括利益をとっていない企業がまだ多いと思うのです。ただ，日本基準では，例えば固定資産の減損損失が出た場合に，その判定基準は細かく分かれるのですが，50万円計上しなければなりません。ですから，固定資産の減損損失50万円を計上後，例えば当期純利益が450万円と表示されます。

本来，中小会計指針では，今日ご説明させていただいたように，日本基準の中小企業版ということで中小会計指針が当初つくられていましたから，どうしても資産負債アプローチをとっていますので，減損処理の適用につきましては簡便法をとっているのですが，固定資産の減損損失50万円を計上することになっています。ですから，日本基準の場合と同様に，固定資産の減損処理50万円計上後の当期純利益は450万円と表示される。

ところが，中小会計要領では，減損処理については，当然適用はありませんので，中小企業がそこまでやる必要はないと考えています。ですから，当期純利益は，500万円と表示されます。

これに対して，法人税法の取扱いは，固定資産の評価減の適用については，例えば災害等，特殊な場合以外は今現在は認められていませんので，法人税法上，固定資産の減損処理について，企業会計が，費用計上している場合，損期の額に算入しないということで否認を行っている。

例えば別表4を簡略した形で見ていきますと，日本基準と中小会計指針の場合は，どうしても減損損失を計上する関係上，当期純利益450万円に対してプラス50万円ということで所得金額500万円と算定されます。

中小会計要領では当然減損損失は計上いたしませんので，当期純利益500万円に対して所得金額500万円となります。

実は，日本基準と中小会計指針では，固定資産の減損処理の適用があり，企業実態の適切な開示が行われているのではないかなと考えられるのです。例えば中小企業であっても，不動産，土地等を保有しているケースは当然あります。

ところが，将来売却するといったときに，ある程度貸借対照表，バランスシートに計上すべき金額が資産価値つまりその実態をあらわしていることが非常に大事だと思いますし，企業会計上，利益の平準化という考え方がありまして，これは一時に損失を計上するよりも，当期の純利益つまり企業が稼得した利益である程度資産の価値が減少した分を賄っていきたい考え方も当然あるわけです。それが何年か後に，例えば10年後に売却したときに，その資産価値が，バブル等のときに購入した資産価値から3割ぐらいに，価値が7割減少しているケースが当然あります。10年後に売却したときに，大きな損失が出ないことが根底にあると思うのです。

先ほど高沢先生からご説明いただきま

したが，会計指針と会計要領に対し日本税理士連合会でも，チェックリストが2つ掲示されています。ところが，信用保証協会等に顧問税理士がチェックリストを決算書に対してつくるといったときに，保証協会のホームページにも出ているのですが中小企業会計要領に従ったチェックリストを提出してくださいとなっています。ですから，会計指針のチェックリストは受け付けないということです。それもちょっと問題じゃないかなと思われます。今現在，実務上では，中小企業会計要領が中小企業の会計基準の中心になってきているということです。

司会 もうだいぶ時間がなくなってきましたが，ほかに何か質問等がありましたら出していただければと思いますが，いかがでしょうか。

もしないということでありましたら，梅原先生のご報告には質問票が出ていませんでしたので，司会の菊谷先生から質問したいという要望がありますので，出していただければと思います。

菊谷（法政大学） 梅原先生だけではなくて，全員に聞きたいのですが，外形標準課税では，規定ができた早々に私は，会計基準から実態を欠いた部分があり，たぶん資本金1億円では，中小法人がだいぶ増えるかなというのを書いていました。そうしたら案の定，資本金減少法人があり，それで中小企業にも興味を持ちました。昨日司会者（菊谷）からの補足資料として配付したものから，英国における中小法人課税の特徴を，そちらの19ページを見ていただきたいのです。

これが最終結論になるのだと思うのですが。今，英国と言いましたが，英国ではなくて，EU全体がそうですが，会社法人を大中小に分けまして，それぞれ処理が違うということです。日本の場合は2区分制度ですね。大法人，中小法人の2区分です。英国の場合は，大会社，中会社，小会社の3区分される。

こういうふうに，その区分の判定基準が日本と大きく違う。これが梅原先生への質問ですが，1億円が中小法人の判定基準になっている。英国，ヨーロッパでは，資本金ではありませんから，売上額，資産総額，従業員ですね。日本にも中小企業法では，業種別ですが，資本金と従業員がありますから，従業員はあるのですが，基本的には，税法では中小法人は資本金基準で行っている。これはあくまでも法的形式基準であって，経済実態を全く大事にしていない。とりわけ平成17年の会社法導入後，これによって資本機能が，会計学で言うと，めちゃくちゃになったのですが，そういう状況が変わっても，なおかつ，法人税法はまだ資本金1億円の資本金基準だけになっている。

こういう問題がずっと続いていますが，梅原先生だけではなくて，全ての報告者に聞きたいのですが，資本金基準だけでいいのかどうか。ヨーロッパ型の売上高，資産額，従業員を入れる，それが1点。

第2点は税務会計の方に質問ですが，この学会の2008年度のテーマが「税制の新しい潮流と法人税」ということで，私は税務会計から発表したのですが，そのときにちょうど中小企業会計指針が出ましたので，その直後だったと思います。それを絡めて発表したかと思うのですが，そのときにIFRS国際財務報告基準からトップダウンしたのがこの中小企業会計指針です。これは零細中小法人には無理と発表しまして，第3のものをつくるべきだと。そうしたら，数年後にまた中小企業会計要領が出てしまったのですが，その要領が出たときに，別の学会でまた発表したときに，先ほど言いましたように，大法人，中法人，小法人と3区分，だから3層ですね，重層的会計基準にされていまして，これを最初に出したのが英国で，中小企業会計基準を出しましたが，それをIFRSがまねして日本がこれをまねしているのです。

　中小企業には別の会計をつくるのだということで，今，重層的になったのですが，先ほどの中小企業会計指針は中法人にセッティングというか適用し，それから，要領は零細・中小法人，零細法人に至ってはもう現金主義でいいのではないかなと書いたことがあるのです。そうすると，4法人になってしまうのですが。そういうふうに分解して，中小会計が2層化，小と中，それに大があると。これを公正処理基準にして，税法に合わせていくと，そんなに乖離ができないのではないかなと思うのです。まず1点目は，皆さんに聞きたいのですが，2区分，大法人と中小法人，かつ資本金基準だけでいいのかということです。

司会　そうしましたら，もう時間があまりありませんのでそれぞれ5分ずつほどで，まず梅原先生から，続いて税務会計のほうでお願いしたいと思います。

梅原（大阪経済大学）　菊谷先生から今ご質問いただいたものは私の考えとも一致するかと思います。報告の中でも述べましたように，中小企業と大企業を区分する基準が1つだけであることから，融資などいろいろな問題が起こっていますので，基準を複数立てることが必要ではないかと思います。特に課税上の優遇措置をいただくわけですから，それなりの条件はあってもいいのではないかと思います。基本的に言えば，中小企業基本法のように，業種別に区分したり，資本金だけでなく，従業員数も加味していくことも必要だと思います。

　それから，大法人，中小法人，さらには小規模法人・事業者も含めて検討することが必要ですが，イギリスあるいはヨーロッパについて，菊谷先生がご紹介された売上高，資産額，従業員数という指標を用いて，資本金基準を補っていく（あるいは代替していく）ことは，検討に値するご提案と思って拝聴していました。

　私からは以上です。

司会　そうしましたら，小山さん。

小山（LEC会計大学院） 本日，梅原先生がご発表いただいたときに，例のシャープのお話があったと思うのですが，私自身，先生方もそうだと思うのですが，たしかシャープは5億円，当時1億円という話だったのです。それが結局は5億円に行き着いて，ところが，売上高を見ますと，7,000億円はあるわけですね。ですから，そのへんを菊谷先生のご指摘のように，資本金基準だけではなくて，売り上げとか規模といったものを加味して，大中小の区分をやるべきではないかなと感じています。

　もう1点，先生からいいご指摘をいただきまして，ありがとうございます。中小会計要領のほうが今走っているわけです。特に中小企業に対して使い勝手がいいということもありまして，ましてや保証協会等も，中小会計要領のチェックリストをつくってくださいということで，結局，官民あわせて何とか普及させていこうという意欲が感じられるわけです。要領は要領で収益費用アプローチですから，そういった意味では，もともと会計制度になじみが深いのではないかなと思われますから，小規模な法人には浸透していくと思われます。しかし，企業規模が拡大していく過程では，適正な企業の業績利益を開示するためには，中小会計指針を適用することが1つ何かいい方向性じゃないかなと今思われました。ご教示，どうもありがとうございました。

司会 それでは，以上で質疑は終わりたいと思います。午後1時から2時間にわたってシンポジウムの討論を行ってきましたが，以上をもちまして学会の大会を終わりたいと思います。最後までお残りいただいて，討論に参加していただいた会員の皆様に感謝申し上げます。どうもありがとうございました。

Ⅱ 一般報告

2015年11月14日 第27回大会（於 大阪経済大学）

英国における相続税制度の特徴

簧野　顕一郎
（国士舘大学大学院博士課程）

はじめに

　英国の相続税（inheritance tax）には，原則的に「遺産税方式」が採用されている[1]。英国における遺産への課税は，1694年の遺産相続税（probate duty）に遡る。およそ200年を経て，ウィリアム・ハーコート卿（Sir William Harcourt）の遺産税（estate duty）が1894年に導入され，1974年に資産移転税（capital transfer tax）が導入された[2]。その後，遺産税の相似形ともいえる1984年相続税法（Inheritance Tax Act 1984：以下，IHTA1984と略す）が施行され，現在に至っている[3]。

　さて，英国の相続税法は，わが国と同様に，相続税と贈与税の2つの租税について規定している。また，「遺産税方式」を採用しているため，課税対象は課税財産の総額であり，当該財産が被相続人以外の者に移転することにより減少したならば，その移転時に，移転事由の如何を問わず，相続税が課される。移転事由の典型は，相続（遺贈を含む）であるが，生前贈与も含まれる。すなわち，相続は課税財産のすべての移転を意味するために課税財産総額に対して相続税が課税され，生前贈与は課税財産の一部が事前に移転したものとして当該財産価値に対して相続税が課税される。このため，わが国における贈与税に相当する租税は，英国では相続税という名称のもと，譲渡者の財産減少額（贈与額）に課税されることになる[4]。

　本稿では，英国の相続税の特徴を中心に考察する。

I 納税義務者

英国の居住者は原則として納税義務者であり，英国内外にある財産のすべてに納税義務を負う。また，英国に居住していない個人は，原則として，英国にある財産に関してのみ，相続税の納税義務を負う（IHTA1984, S. 5）。[5]

なお，承継財産（settled property）のうちに英国国外の財産が含まれる場合には，譲渡者が当該承継財産を信託した時点で英国国外に居所を有しているならば，相続税の納税義務を負わない。ただし，譲渡者が当該承継財産を信託した時点で英国国内に居所を有していた場合には，その後に，当該譲渡者が居所を英国国外に定めた場合であっても，当該承継財産について，相続税の納税義務を負う。[6]

さらに，英国において，贈与に係る相続税についての納税義務者は原則として譲渡者（贈与者）であるが，受贈者が納税することもできる（IHTA1984, S. 199）。また，相続に係る当該税の納税義務者は遺言執行者（executer），遺産管財人（administrator），遺産を取得する者（transferee），承継財産（死亡により移転するもの）の受託者または当該承継財産の受益者（受益権者）である（IHTA1984, S. 200）。[7] 具体的には，遺産に係る遺言の存在する「遺言相続」の場合においては，遺言執行者が明示的・黙示的に指名される。一方，遺産に係る遺言の存在しない「無遺言相続」の場合には，裁判所に任命された遺産管財人が相続人に遺産分配を行う。すなわち，「遺言相続」における遺言執行者および「無遺言相続」における遺産管財人を包括して人格代表者（personal representative：以下，PRと略す）という。[8] なお，遺産に課される相続税を遺言執行者や遺産管財人が負担した場合，または，承継財産に課される相続税を受託者が負担した場合には，当該負担分を遺産取得者または承継財産の受益権者に対して求償することができる。[9]

ただし，次の点については留意する。[10]

(a) 夫婦は別々に相続税の納税義務を負う。

(b) 共同経営者（a partnership）は，納税義務者ではない。各パートナーは，個々に自己の共有財産（the partnership asset）の保有分に関連して相続税

の納税義務を負う。
- (c) 会社は，納税義務者ではない。ただし，非公開会社（a close company）の出資者（the participators）には，当該会社により行われた譲渡に関連して相続税が生じる場合がある。

また，英国では相続税に関して，財産（または資産）という用語は，法的に強制できる権利などを含む多様な形態の資産を示す。なお，相続財産は，特例を除き，課税対象資産（財産）である。ここで，非課税対象となる財産の主なものは次のとおりである。[11]
- (a) 財産の取得者が英国国内に居所（domicile）を有しない場合の英国外にある財産[12]
- (b) 免税（tax exemption）付与目的の英国発行証券（government securities）
- (c) 国家財政委員会の公共事業における「遺産的な財産」（heritage property）[13]
- (d) 信託または不動産信託における復帰権（reversionary interests）[14]

II　課税・非課税譲渡および潜在的非課税譲渡

1　課税・非課税譲渡

(1) 課税譲渡

英国において相続税は，課税財産（chargeable property）の価値の譲渡（移転）(transfer of value）が行われた時に課税される。なお，課税財産の価値の譲渡は多様に生じるものの，主に所有者の死亡による資産の譲渡（transfer of assets）および所有者の生前贈与（the gift of assets during the lifetime）である。[15]課税譲渡（chargeable transfer）には，個人から法人への贈与や個人から裁量信託等への譲渡が該当するが，当該譲渡（贈与）から7年以内に譲渡者が死亡した場合には税額の再計算がなされる（IHTA1984, S.7)。なお，被相続人が死亡時に有していた財産については，死亡直前に処分されたものとみなされ，（非課税に該当するものを除き）課税譲渡となる。

ただし，特定の譲渡については課税財産の譲渡とみなされず，相続税の納税義務を生じさせない。特定の譲渡の主たるものは，次の4つである。[16]
- (a) 無償による譲渡

(b) 被雇用者の年金積立金のための譲渡
(c) 当該譲渡者の家族（夫婦，子供，扶養家族を含む）の生活費について譲渡者の生前に行われた譲渡
(d) 軍役などの勤務中に当該譲渡者が殉職したことによる譲渡（なお，当該現役勤務については2015年財政法（Finance Act 2015）において，相続税免除の対象が国防軍の勤務中にて亡くなった場合から，救急サービスの勤務中に亡くなった場合にまで拡大されている。）

なお，財産を売却した場合には，基本的には，キャピタル・ゲイン税（capital gains tax：以下，CGTと略す）が課される。ただし，相続により財産を処分する際には，CGTではなく，相続税が課される。また，財産を贈与した場合には，CGTおよび相続税の双方の納税義務が生じるが，相続税を納付した場合であれば，CGTの課税は繰り延べられる[17]。

(2) 非課税譲渡

また，英国において次のような譲渡は，生前・死亡時を問わず，非課税譲渡として扱われる（IHTA1984, SS. 18-29A）[18]。

(a) 譲渡者の配偶者への譲渡
(b) 慈善活動団体・アマチュアスポーツ団体・公認政治団体等への譲渡
(c) 国の意図で設立された事業体への贈与および国への優れた財産（文化遺産等）の譲渡
(d) （複数の条件を充足した場合に）国家財産の修理・補強・保護のために設立された信託への譲渡および被雇用者が所有権を有する信託（employee ownership trust）への譲渡

上記(a)夫婦間の非課税譲渡について，当該譲渡が英国居住の譲渡者から英国外居住の夫婦に行われた場合には，非課税譲渡と認められる金額は譲渡総額のうち55,000ポンドまでの部分に制限される（IHTA1984, S. 18(2)）[19]。ただし，下記の場合には，夫婦間の譲渡であっても，非課税譲渡とならない（IHTA1984, S. 18）[20]。

(イ) 指定された期間に配偶者が生存していることを条件にその配偶者に譲渡される場合を除き，当該譲渡が配偶者に対して直接的な利益を与えるため

に行われるものではない場合
　(ロ)　条件付きの遺言による処分で，かつ，当該処分の後1年を経過しても遺言における当該条件が充足されない場合

　また，(b)政治団体への譲渡において，その政治団体が最後の（直近の）選挙で国会議員（MP）として少なくとも2名が選ばれていれば非課税譲渡になる。なお，1名が選ばれている場合には，その他の候補者が当該選挙で少なくとも総計150,000票を得票しているならば，非課税とされる。すなわち，非課税とするために形式だけの政治団体を設立しても課税譲渡となり，一定の国会議員が選出されているなど相当数得票のある政治団体であれば，少なからず譲渡者の教義などによる譲渡として非課税譲渡と認められる。(c)，(d)についてもそれぞれ国家，被雇用者という特定の受贈者への譲渡であることは明らかであり，当該受贈者のための譲渡であるという理由から非課税譲渡と認められる。

2　潜在的非課税譲渡

　英国では，ある譲渡（生前贈与）が，直接的に相続税免除の対象とならないならば（上述の非課税譲渡に該当しないならば），潜在的非課税譲渡（potentially exempt transfers：以下，PETsと略す）または課税対象生前贈与（chargeable lifetime transfer：以下，課税譲渡と称す）のどちらかになる[21]。

　PETsに該当する場合には，当該譲渡のときから7年以内に当該譲渡者が死亡しない限り，非課税譲渡とみなされる。すなわち，当該譲与者が7年以内に死亡するまでは相続税の課税問題は生じない。一方，課税譲渡は，その名称通り，即刻相続税が課税される。

　PETsは主に次のような者に対して行われる生前の譲渡である（IHTA1984, S.3A）。

　(a)　個人
　(b)　障害者の援助のための信託
　(c)　孤児（a bereaved minor）の援助のための信託

　なお，(b)および(c)をはじめとして，PETsの受贈者では様々な種類の信託（types of trust）に言及しており，信託の主な特徴を簡潔に挙げると次のとおり

である。[22]

(a) 信託（settlement）は譲渡者が受贈者（受益者）の利益のために管理している財産である。

(b) 仮に一人以上の人が，信託財産の生前使用または信託財産により生成される収入に対して権利を与えられるならば，これらの人々は占有人（life tenant）であり，当該信託は所有権の保有される信託である。また，いくつかの将来の出来事（たとえば，占有人の死亡）が起こるまで，信託財産の権利が有効ではない者は復帰権を持っている。

(c) 所有権のない信託は，時に「随意の信託」と呼ばれる。

なお，ほとんどの信託は関連財産信託（relevant property trust）に分類される。また，実際には，英国におけるほとんどの生前の譲渡はPETsに該当する。たとえば，次のようなPETsついて想定してみる。

(a) 夫から妻への10,000ポンドの贈与は，すべて非課税（wholly exempt）である。

(b) 婚姻に際して母から息子に対して行われた20,000ポンドの贈与は，5,000ポンドまでが非課税となり，残りの15,000ポンドがPETsに該当する。

(c) 障害者のための信託に対する50,000ポンドの贈与は，全額がPETsになる。

(d) 関連財産信託に対して行われた100,000ポンドの贈与は，課税譲渡に該当する。

なお，譲渡者の死亡の7年以上前になされた（譲渡者が譲渡後7年以上生存している）場合のPETsは，非課税譲渡となる。一方で，譲渡者がその譲渡を行ってから7年以内に死亡した場合には，（様々な軽減措置があるものの）当該譲渡は課税譲渡となり，相続税が課されることとなる。すなわち，非課税譲渡とPETsのいずれにも該当しない譲渡は課税譲渡となるため，当該贈与が行われた時点で相続税が課される。ただし，個人が個人に対して行う譲渡が課税譲渡に該当することはなく，非課税譲渡またはPETsに該当する。つまり，課税譲渡に該当する譲渡は，原則的に，個人から法人または裁量信託等に対する譲渡

である。[23)]

Ⅲ　相続税額の計算

1　課税価格の計算

英国において特定の譲渡に関しては，課税価格の計算において免税・軽減措置がある。主な免税・軽減は，次のとおりである。

(1) 譲渡者に対して利用できる免税

課税譲渡について次のような免税措置を利用できる。

(a) 所得からの一般的な支出（贈与）

所得から一般的な支出がなされる場合には，相続税が免除される。ただし，当該支出は以下の3点すべてを満たさなければならない。

(ⅰ)　譲渡者の経常的支出の一部である。

(ⅱ)　資本よりもむしろ所得から生じている。

(ⅲ)　通常の生活基準を維持するために必要なものである。

(b) 少額贈与

一課税年度において譲渡者の行った贈与のうち250ポンドまでは非課税となる。このため，各譲受人が250ポンドを超えて贈与を受けない限りは，譲渡者は無制限に免税にて贈与することができる。[24)]

(c) 結婚資金の贈与

婚姻に際して当該婚姻を援助する目的で行われる贈与に関しては，下記制限までは相続税が免除される。

(ⅰ)　当事者の両親の場合：5,000ポンド

(ⅱ)　祖父母または尊属の場合：2,500ポンド

(ⅲ)　ご祝儀の場合：2,500ポンド

(ⅳ)　その他の場合：1,000ポンド

(d) 年次免除

一課税年度において行われた3,000ポンドを超えない贈与は，相続税が免除される。当該課税年度において使用されなかった免除枠に関しては，翌課税年度に限って繰り越すことができる。すなわち，ある年に一課税年度で2,000ポ

ンドを贈与した場合，年次免除額の残額となる1,000ポンドは翌課税年度に繰り越すことができるため，翌課税年度には4,000ポンドまで年次免除にて贈与することが可能である。[25]

(2) 事業用財産・農業用財産の軽減

① 事業用財産軽減

事業用財産軽減（business property relief）は，下記の条件のすべてを満たす譲渡に関して利用できる。

(a) 譲渡した財産が適切な事業用財産から成る。
(b) 事業が資格を与えられた仕事である（投資事業は資格を与えられていない）。
(c) 少なくとも，2年間譲渡者により所有されていた財産である。または，他の相当する事業用財産と取り換えた財産である。

原財産および取替財産の通算期間は少なくとも2年間であり，譲渡日の5年前から事業用財産に関連している財産および適用軽減税率は表1のとおりである。

表1　財産の種類および適用軽減税率

財産の種類	軽減税率
事業または事業における権利からなる財産	100%
譲渡直前に当該会社の支配権を付与した非公開株式	100%
非公開会社の株式	100%
非公開会社の持株会社（controlling holding）から譲渡した株式	50%
土地，建物，工場，機械が，譲渡直前までパートナーまたは譲渡者が支配している会社の合名会社により事業目的で使用	50%

出所：Alan Melville, *Taxation Finance Act 2014 Twentieth Edition*, Pearson Education Limited, 2015, p.508 一部修正。

② 農業用財産軽減

農業用財産軽減（agricultural property relief）は，当該財産が下記のどちらかである場合に利用できる。[26]

(a) 譲渡者によって占有されており，譲渡前の2年間を通して農業目的のために使用

(b) 譲渡前の7年間を通して譲渡者により所有されており，当該7年間を通して農業目的に譲渡者等により占有

ここでの農業用財産とは，主に農業用の土地（agricultural land），牧草地（pasture），森林（woodlands）およびこれに関連する建物からなる。さらに，特定の野生動物の生息地計画およびこれに関連する建物・土地もまた，次のような農業用財産軽減の対象となる。
(a) 仮に，譲渡直前に，その財産または（その後の）12ヵ月以内で当該財産を得る権利のどちらかにおいて，ある譲渡者が相続人のいない所有を享受する場合であれば軽減率は100％となる。
(b) 仮に，当該財産が1995年8月31日の後（翌日）に開始する借用に関して賃貸借（let）されるならば，軽減税率は100％となる。なお，仮に，当該財産が1995年9月1日より前（前日）に開始している賃貸借であれば50％の軽減税率となる。すなわち，1995年9月1日に賃貸借されている場合には，100％の軽減税率が認められる。

なお，上記の税率は農業財産に対してのみ適用される。すなわち，実際に農業が行われているか否かのみでなく，仮に当該財産が農業目的のためにのみ使われていたならば，当該財産の持っていたであろう価値を想定した適用である。なお，ある財産が事業用財産軽減と農業用財産軽減の双方の適用を受けられる（適格である）場合には，最初に農業用財産軽減の措置が行われる。

2 相続税の総額の計算と税率

英国では，前述のとおり，PETsに対しては非課税であり，課税譲渡（2014年-2015年の課税年度）に適用される相続税率は，表2のとおりである。

税率については，近年大きな変動はなく，一律に0％および20％である。なお，英国の相続税率の2段階のみという制度は他の先進国と比較してもあまり類を見ない。[27]

ここで，グロス・アップ（grossing-up）とは，譲渡された財産の税抜価格を税込価格に修正する作業をいう。[28] 相続税は価値の移転による譲渡者の財産価値の減額であり，移転の総額（gross）に対して課税される。このため，仮に，受

表2 課税譲渡に適用される相続税率

(単位：ポンド)

課税譲渡	税率	グロス・アップ割合
基礎控除 325,000 ポンド	0%	—
325,000 ポンド控除後の残りの金額	20%	100/80

出所：Alan Melville, *Taxation Finance Act 2014 Twentieth Edition,* Pearson Education Limited, 2015, p. 498 一部修正。

　贈者が当該価値移転に課される相続税を支払うならば，当該受贈者は受け取る総額を支払う必要があるが，譲渡者が納税済みである場合には移転する価値の純額（net）から総額へと修正されなければならない。すなわち，課税譲渡に係る相続税の税率は税込価格に対して適用されるため，譲渡者が当該税負担を行った後の税抜価格にて課税譲渡が行われる場合には，税抜価格を税込価格に修正し，修正後の価額に税率を適用する必要がある。

　また，課税譲渡における基礎控除額は 325,000 ポンドであり，基本的には，物価指数に連動して改定される。なお，今般，基礎控除帯（nil-rate band）は拡大傾向にある。ここで，「物価調整（インデクゼーション）控除」（indexation relief（allowance））とは，基礎控除額が物価の変動に応じて変更される制度であり，物価変動による公平性または不公平性を中和する措置である。[29]

　具体的には 2009 年 4 月 6 日以降，325,000 ポンドで維持されてきており，この 10 年あまりの基礎控除額は表3のとおりである。

　課税譲渡となる贈与（譲渡）における相続税を算定する際には，その譲渡者の 7 年の贈与の累積計算が行われる（IHTA1984, S. 113A）。すなわち，当該贈与

表3 譲渡日および基礎控除額

(単位：ポンド)

譲渡日	基礎控除額
2006 年 4 月 6 日～2007 年 4 月 5 日	285,000
2007 年 4 月 6 日～2008 年 4 月 5 日	300,000
2008 年 4 月 6 日～2009 年 4 月 5 日	312,000
2009 年 4 月 6 日～2015 年 4 月 5 日	325,000

出所：Alan Melville, *Taxation Finance Act 2014 Twentieth Edition,* Pearson Education Limited, 2015, p. 498 一部修正。

の7年以内に行われたすべての贈与のうち非課税譲渡およびPETsを除く課税譲渡を考慮する[30]。

たとえば，(i) 2007年7月に200,000ポンド，(ii) 2012年12月に300,000ポンドの複数回の贈与を行っていたと仮定する。表3より2007年7月の贈与について，200,000ポンドは300,000ポンドの基礎控除額の枠内であるため，相続税は課されない。次に，2012年12月の300,000ポンドについては，(表3より一見すると2012年の基礎控除額を超えないのであるが) 過去7年の累積計算が行われるため，200,000ポンドに300,000ポンドを加算した500,000ポンドが累積額として算定基礎となる。すなわち，500,000ポンドから2012年12月の基礎控除額325,000ポンドを控除した175,000ポンドに対して，表2より20%の税率を乗じて納付すべき相続税が算定される。つまり，納付すべき相続税は35,000ポンドである。なお，2012年12月時点では2007年7月の贈与より7年が経過していないため累積計算を行うが，仮に2002年2月に贈与が行われていたとした場合，2012年12月時点において2002年2月より既に7年が経過しているために，当該贈与は累積額に含めない。

また，相続税の死亡に係る譲渡について，2014-2015年の課税年度の死亡に伴う適用税率は表4のとおりである。

表4 死亡に伴う適用税率

死亡日までの7年間の総課税譲渡	税率
325,000ポンドまで	0%
325,000ポンドを超過した額	40%

出所：Alan Melville, *Taxation Finance Act 2014 Twentieth Edition*, Pearson Education Limited, 2015, p.500 一部修正。

表4のとおり，生前何ら対応をしなかった場合には贈与の2倍の税率で課税されるため，英国では特段の事情がなければ，贈与を選択することが節税に繋がる。

3 納付税額の計算

英国においてこれまでのプロセスで計算された税額は「逓減軽減（taper

relief)」によって（さらに）減少する場合がある。ここで「逓減軽減」とは，譲渡日と死亡日との間の年数によって軽減税率（percentage tax reduction）が決まる仕組みであり，譲渡者が死亡して納税することになった場合の適用税率は贈与時ではなく死亡時の税率となり，表5のとおりである。

表5　譲渡から死亡までの期間と軽減税率との関係

譲渡と死亡の間の期間	軽減税率	適用税率
3年以下	0%	40%
3年超～4年	20%	32%
4年超～5年	40%	24%
5年超～6年	60%	16%
6年超～7年	80%	8%

出所：Alan Melville, *Taxation Finance Act 2014 Twentieth Edition*, Pearson Education Limited, 2015, p.500 一部加筆・修正。

Ⅳ　財産の評価方法

1　原則的評価方法

　財産の評価はそれ自体が困難さを孕んでおり，各種の規制や特別な評価が要求されるため，一筋縄ではいかない。一般的に，贈与した財産の価値は，その時点における適正な時価すなわち市場価値（open market value）により評価される（IHTA1984, S.160）[31]。ただし，財産価値は当該財産の移転日の市場価値と等しいとされるものの，市場価値（またはこれに等しい場合）が常にある訳ではなく，財産評価においては主として次の点を留意すべきである[32]。

①　公開株式

　公認の株式交換所に上場している株式，すなわち，上場株式（listed shares）または売買株式（quoted shares）は，次の(a)および(b)のうち，より低い価格で評価される。

(a)　移転日の株式の2つの取引額のうち，低い価格に双方の価格間差異の1/4をプラスした額（「1/4追加ルール」）

(b)　売買（bargains）が行われた日の最高値と最安値の平均額

ただし，市場の閉鎖日（non-working day）に上場株式が移転するならば，当該株式は直近の，すなわち，移転日前の初日または移転日後の初日のうち，より低い数値を示している方の市場の公開日に移転したものとして評価される。

② 関連財産の評価

相続税に係る移転の価値を算定する際には，関連財産（related property）について考慮されなければならない。ここで，関連財産とは，次の財産から成る。

(a) 譲渡人の夫婦により所有される財産
(b) 慈善活動，政治団体等により所有される（または5年内の期間所有され続けていた）財産

「関連財産規則」（the related property rules）のもとでは，移転される財産および関連財産は双方とも全体として評価される。さらに，その（全体）価値の部分は，移転される財産に応じて分配される。当該規則は，財産または資産の所有権を分けることにより，納税者が相続税を回避するのを妨げることを意図している。

なお，英国外にある財産は，適切な外国通貨で評価され，その後，移転日の最安値の為替相場を使って，英国通貨へ換算・評価される。

不動産の評価は，譲渡者の代理人と資産税税務署（Capital Taxes Office）の間の協議により決定される。資産税税務署は，基本的には，地区価格査定官（district valuer）の評価を参照する。なお，評価額を決定するに際しては，その不動産の所在する地区・地域における同種の不動産の直近の売買実例等を利用することが効果的・効率的とされている。ただし，当該売買実例等は絶対的なものではない[33]。すなわち，譲渡者の代理人と資産税税務署とが合意に達することが困難である場合，その不動産について資産税税務署が価格評価することになるが，譲渡者は当該評価額につき不服審判所に不服申し立てをすることが認められている。

また，贈与した財産およびこれに関連した一揃いの財産（related property）を個別に評価した場合の価値が，財産価格全体に占める適切な部分的価格を下回る場合には，その一揃いの財産における財産価格全体に占める適正な部分的価格によって評価する[34]。なお，配偶者が有する財産も関連した財産とみなされ，

当該財産における適正な部分的割合が, 財産全体に対する比率となる (IHTA1984, S. 161)。

2 特例的評価方法

譲渡者がPETsになる贈与を行ってから7年以内に死亡した場合には, 当該PETsは課税譲渡となる。さらに, 相続税が課されることとなった場合で, (a)贈与された財産の価値が贈与時から相続開始時までの期間において下落している, (b)贈与された財産を独立当事者間で売買した際の価格がPETsとなる贈与をした時点の当該財産価値と比較して低下しているときには, (a)は下落した価格, (b)は売却価格, に基づいて相続税額の計算をすることが認められる (IHTA1984, S. 131)。

また, 被相続人の死亡直後に相続財産を処分した場合に, その売却価格が相続財産の評価額を下回る場合がある。このような場合には軽減措置が認められており, 主なものは次のとおりである。

(a) 不動産

被相続人の死亡後4年以内に被相続人の遺した不動産が売却された場合で, 当該売却価格が死亡時の評価額を下回った際には, 当該売却価格により評価される。なお, ここでの不動産には賃借権など不動産に付随する権利や構築物も該当する (IHTA1984, SS. 190-198)

(b) 一揃いの財産

相続人または被相続人の代理人が被相続人の死亡後3年以内に一揃いの財産を売却した場合で, 当該売却価格が一揃いの財産の規定により計算した評価額を下回った際には, 当該規定の評価額ではなく, 財産を個別に評価した場合の価値により評価される (IHTA1984, S. 176)。

V 相続税の申告と納付

1 相続税の申告

英国では, 相続税は内国歳入関税庁 (Her Majesty's Revenue and Customs：以下, HMRCと略す) によって管理されており, 課税譲渡および譲渡者の死亡

による譲渡においては，帳簿（account）がHMRCに届けられなければならない。これは，当該譲渡（贈与）の詳細および譲渡額を報告するためであり，届出手続きは次のとおりである。

① 課税譲渡

譲渡者は，譲渡が生じた月の終わりの12ヵ月以内に，帳簿をHMRCに届け出なければならない。ただし，譲渡が非課税譲渡またはPETsに該当するならば帳簿を届け出る必要はない。なお，課税譲渡（生前贈与）となる財産の構成において次のいずれかに該当する場合には届出は不要である。[35]

(i) 当該譲渡（生前贈与）が金銭，取引所株式または有価証券のみで構成され過去7年間で行われた課税譲渡の合計総額が相続税の閾値を超えない。

(ii) 当該譲渡（生前贈与）が金銭，取引所株式または有価証券以外で構成され過去7年間で行われた課税譲渡の合計総額が相続税閾値の80％を超えない。

② 死　亡

故人のPRは，当該死亡が生じた月の終わりの12ヵ月以内にHMRCに帳簿を提出しなければならない。ただし，その者が英国居住者であり，かつ，(i)から(iv)のうちいずれかに該当する場合には，当該提出の必要はない。

(i) 財産の総価値および死亡前7年間で行われた譲渡が相続税の限界値を超えない。

(ii) 100,000ポンド以上の財産が英国外にある。

(iii) 故人の財産に含まれている信託財産が単一の信託に保有され，価値150,000ポンドを超えない。

(iv) その日までの7年以内に行われた課税譲渡またはPETsがなく，金銭，上場株，土地建物およびコンテンツからなる他の譲渡を含め，合計の総価値が150,000ポンドを超えない。

なお，被相続人である譲渡者が遺言を残しているか否かにより取扱いが異なる。すなわち，遺言が存する場合には，検認裁判所（probate court）により当該遺言の適法性および遺言執行者の有無が確認される。遺言執行者がいない場合であれば，検認裁判所が遺産管財人を指定する。また，遺言執行者となった

者の代理権が認可されるためには，当該遺言執行者による相続税申告書の提出および相続税納付に係る小切手の振出（提出）が必要とされる。つまり，当該提出を前提に検認裁判所は遺言の検認・記録を行う仕組みとなっている。[36]

また，ある譲渡が相続税の納税義務を生じる時，資産税税務署は，相続税目的の譲渡価値および納税額総額を示す通知を発行する[37]。また，PR等に限り，通知の日から30日以内に限り，訴えを申し出ることができる。

2 相続税の納付

英国相続税の納付では，金銭による一括納付を原則とする。ただし，特定の場合には，分割で支払う方法または財産による物納で支払う方法が認められる[38]。なお，課税譲渡により移転した財産が不動産や事業場の財産・権利などである場合には，当該財産に係る相続税は10年の均等分割払いで支払う方法も認められる。この際には，一度，均等分割払いによる相続税納付を選んでいたとしても，その後に納付する相続税の残額を利息とともに一括して納税することも可能である（IHTA1984, SS. 227-229）。

なお，一般に，資産の譲渡をした日の属する月の末日から6月が納期限である。

すなわち，(生前の)課税譲渡の場合，当該譲渡が行われた月の末日から6月以内に納付しなければならない。ただし，4月6日から9月30日までの間に行われた課税譲渡に関しては，翌課税年度の4月末日が納期限となる。また，死亡による譲渡の場合には，納期限は死亡の月の末日から6月が納期限である。ただし，PRは納期限前であっても，当該申告の際には納税する必要がある。さらに，PETsについては，譲渡者の死亡の日の属する月の末日から6月が納期限となっている。[39]

英国に限らず，相続税制度は国家の歴史，文化，慣習，経済情勢等を色濃く反映するものである。すなわち，今後，英国において社会情勢・世界経済の変化に応じて相続税制そのものについて当該是非を含めた多くの議論および制度変更がなされていくと予想されるため，引き続き注視していきたいと考えている。

注

1) 英国の相続税は生前贈与に対する課税と死亡に伴う課税から成り，遺産税と資産移転税の混合形態であるという意見がある。そのため，「原則的に」と記載させていただく。小野塚久枝『21世紀における相続税改革』税務経理協会，2003年，16-18頁。
なお，英国の主要な税制および税務行政の概要については，池田美保「英国の税務行政と税制の概要」『税大ジャーナル』第17号，平成23年，187-215頁。

2) 1972年には受贈者（beneficiary）が死亡するまで累積的に課税する制度構想が存在していたが，実現はしなかった。これは，1974年に労働党に政権交代が行われ，当該政権が「資産の再分配」を促進すべく，死亡時における財産移転と生前贈与（lifetime gifts）に課税する上述の資産移転税（capital transfer tax）を導入し，遺産税（estate duty）が廃止されたためである。高野幸大編著「イギリスにおける相続税・贈与税の現状」『世界における相続税法の現状』日本税務研究センター，2004年，103頁参照。

3) 1986年から施行された相続税法は，1984年に統合された資産移転税法の改正という形式を採っているため，「1984年相続税法」とされている。Alan Melville, *Taxation Finance Act 2014 Twentieth Edition*, Pearson Education Limited, 2015, pp. 3-4.

4) 岩﨑政明「土地所有権の遡及的移転と課税処分—英国におけるequityの法理をめぐる議論を素材として—」『税務大学校論叢40周年記念論文集』税務大学校，平成20年，69-70頁。本稿では，財産価値の減少を価値の移転と同義と踏まえながら，課税譲渡・非課税譲渡という用語を使用させていただくが，両者に特段の隔たりは持たせていない。

5) 英国の相続税法は，居所（domicile）という概念を基準として，課税財産の範囲を区分している。すなわち，英国に居所を有する者または居所を有するとみなされる者は，所在地の如何を問わず，その所有する資産のすべてに英国の相続税が課税される「無制限納税義務者」となり，居所をもたない者は英国国内に所在する資産についてのみ英国の相続税が課税される「制限納税義務者」となる。高野幸大，前掲稿，109頁参照。

6) なお，transferor（譲渡者）という用語については，贈与者と和訳されることも多く，当該訳は受贈者と対照した適切な訳である。本稿では譲渡者と訳すことで統一するが，意味は同様である。神田厚夫「相続編」イギリス住宅税制研究会編著（高野幸大座長）『イギリスの住宅・不動産税制』財団法人日本住宅総合センター，2007年，107および111頁参照。

7) 同上稿，111頁。

8) 英国相続税法の納税義務者の概要については，高野幸大，前掲稿，108-111頁参照。

9) 承継財産（settled property）とは，相続人または不測の事態を想定する者のために，契約書または法律上の行為等により，受託者に対して信託された財産をいう。承継財産は，受託者により当該財産から生ずる収益の全部または一部が備蓄され，生涯または一定の期間にわたり受益者に対して支払いがなされる。なお，継承的不動産処分（settlement）とは，財産を次代（自己の子や孫）に引き継ぐため，信託行為により受託者に当該財産を移転し，当該受託者は受益者のために管理する財産承継の仕組みをいう（神田厚夫，前掲稿，133-134頁）。

10) Alan Melville, *op. cit.*, p. 492.

11) *Ibid.*, p. 493. なお，英国における財産（財産権）については，島田真琴『イギリス取引

法入門』慶應義塾大学出版会，2014年，213-233頁に詳しい．
12) 居所はすぐれて技術的な概念であり，住所または国籍に対応するものではない．この点は，たとえば，わが国の相続税法が相続税の納税義務者について1条の3第2項で「相続または遺贈により財産を取得した日本国籍を有する個人で当該財産を取得した時においてこの法律の施行地に住所を有しないもの」と，国籍と住所の概念を用いて規定しているのと対照的である（高野幸大，前掲稿，110頁参照）．
13) 英国における遺産的財産とは，相続等により被相続人から相続人に承継される権利義務の一切であり，有形財産に限られず，被相続人に帰属していた特定の権利義務などが含まれる．占部裕典「イギリス信託課税の概要と特徴」イギリス信託・税制研究会編著『イギリス信託・税制研究序説』清文社，平成6年，152-154頁参照．
14) 英国法における復帰権とは，第三者に譲渡した財産に関して前所有者が有する権利であり，一定の条件のもと前所有者に復帰される権利である．國生一彦『現代イギリス不動産法』商事法務研究会，平成2年，175-180頁参照．なお，復帰権は将来権（reversionary interest）と和訳される場合もある．占部裕典，前掲稿，123-125頁参照．
15) Alan Melville, *op. cit.*, p.492. 相続税における価値の譲渡（移転）については，a transfer of value is a disposition made by a person という文言で表記されている（IHTA1984 s3）．なお，ここでの「処分」（disposition）とは財産の価値を減少させるような一切の「価値の移転」のことをいうと解釈されている（岩崎政明，前掲稿，70頁）．
16) *Ibid.*, pp.492-493.
17) *Ibid.*, pp.521-522.
短期保有の資産から生ずるキャピタル・ゲインに対して課する所得税が廃止された1971年まで，人の死亡はCGTの課税原因であったため，遺産税との二重課税がなされており，1992年キャピタル・ゲイン課税法（Taxation of Chargeable Act 1992）においても，人の死亡はCGTと係わっている（高野幸大，前掲稿，152-153頁）．
18) Alan Melville, *op. cit.*, p.494. 一般的にはExempt transferは免税譲渡または非課税譲渡と和訳され同様に捉え（纏め）られるが，本稿においては「特定の受贈者のためになされる譲渡に対する免除」（Exemptions for transfers made to certain transferees）を非課税譲渡とし，「その譲渡者に利用できる免税」（Exemptions available to the transferor）を免税（または軽減措置）として記述している．ただし，相続税額の計算上において両者に隔たりはない．
19) HMRC「海外に居住する夫婦等（Inheritance tax: spouses and civil partners domiciled overseas）」に詳しい．
https://www.gov.uk/government/uploads/system/uploads/attachment_data/file/179227/inheritance_tax_election_to_be_treated_as_domiciled_in_the_uk.pdf.pdf
〈平成28年1月20日訪問〉．
20) 神田厚夫，前掲稿，117-118頁．
21) 本稿では，課税対象生前贈与についても課税譲渡と同義で扱う．
22) 英国の信託および当該制度については，島田真琴「イギリスにおける信託制度の機能と活用」『慶應法学第7号』，2007年，213-265頁に詳しい．
23) 神田厚夫，前掲稿，121頁．

24) ただし，3,000 ポンドの年次免除と当該少額贈与の非課税枠とを別枠で用いることが適切か否かについては見解が分かれている。高野幸大，前掲稿，122 頁参照。
25) PETs に対して明白な年次免除を置くことは，課税譲渡に対して年次免除を置くのと同様に，HMRC の慣習である。ただし，PETs が相続税の課税対象とならなかったとしても，この慣習が設置されていることについては，法的に正しいかについて疑問視されている。Alan Melville, *op. cit.*, p. 495.
26) *Ibid.* p. 508.
27) 2014 年度からのわが国の 8 段階の税率をはじめ，米国は 12 段階，フランス・ドイツは 7 段階にて，最低税率から最高税率までを各段階ごとに税率を区分している。
中小企業庁「諸外国の相続・贈与税，事業承継税制等（未定稿）」（平成 26 年 3 月）
http://www.chusho.meti.go.jp/koukai/kenkyukai/jigyousyoukei/2014/140331sk3.pdf
〈平成 28 年 1 月 20 日訪問〉。
28) Alan Melville, *op. cit.*, pp. 498-499.
29) わが国の相続税では英国とは対照的にインデクゼーション（インデクセーションとも呼称される）の仕組みは採用されていない。このため，インフレ局面での基礎控除額の維持は実質的には相続税の増税とも考えられる。
30) 神田厚夫，前掲稿，122-124 頁。
31) Alan Melville, *op. cit.*, p. 505.
32) *Ibid.*, pp. 505-510.
33) 財産評価に係る納税者側と課税庁側の評価（意見）の不一致についての裁判例等については，岩崎政明，前掲稿，74-75 頁。
34) Alan Melville, *op. cit.*, pp. 506-507.
35) *Ibid.* p. 509.
36) 神田厚夫，前掲稿，151 頁。
37) Alan Melville, *op. cit.*, p. 509. なお，相続税の税務行政は HMRC が行う（前提である）ものの，実際の課税と徴収に係る事務等については資産税税務署によって行われている。当該資産税税務署は，イングランドおよびウェールズを管轄するノッティンガム，スコットランドを管轄するエディンバラ，北アイルランドを管轄するベルファストの 3 拠点に所在する。なお，英国の税務署の統廃合に係る近年の取組みについては，一般財団法人日本税務協会「英国国税庁の税務署等の歴史的な再編成の動き」（2015 年 11 月 27 日）に詳しい。
http://www.tax-nzk.or.jp/2015/1127165818.html〈平成 28 年 1 月 20 日訪問〉。
38) 神田厚夫，前掲稿，152-153 頁。
39) Alan Melville, *op. cit.*, pp. 509-511.

東日本大震災に伴う特別課税と災害対策の課題

棗　田　但　馬
（岩手県立大学）

はじめに

　東日本大震災からの復旧・復興にあたって膨大な費用が必要になるが，国・地方自治体の財政もその例外ではない。したがって，財源確保は最大の焦点になるが，今回，過去の大災害と違い，所得税や法人税などに対して特別課税が行われ，復旧・復興事業に充当される国債（復興国債）の償還財源とされている。

　こうした復旧・復興財政にかかる財源確保を巡って，拙論（2011）を含め震災直後に様々な提言がみられたが，それらは実際の法にもとづく特別課税に比して類似する点とそうでない点がある。この初めてのケースは検証，分析されていないので，大災害頻発国の日本において早い段階でそうすることはきわめて重要な意味を持つ。

　本稿の目的は東日本大震災に伴う特別課税の実態を明らかにし，大災害対策の財政課題を提起することである。

　これまでの災害財政研究は宮入（2013など）にみるように，主として災害の政治経済学として地方分権・住民自治および被災地・被災者の視点から，国の災害対策・復興政策に対する批判を中心に展開し，国と地方自治体の財政課題を提起してきた。本稿における研究スタンスもそうした先行研究に依拠している。

I　復興特別課税を巡る提言

　特別課税は2011年12月2日公布の「東日本大震災からの復興のための施策

を実施するために必要な財源の確保に関する特別措置法」と「東日本大震災からの復興に関し地方公共団体が実施する防災のための施策に必要な財源の確保に係る地方税の臨時特例に関する法律」を根拠法とし，法案は10月28日に臨時国会に提出されている。法案提出に至る政府レベルの議論の状況は後述するとして，ここでは大震災直後に多方面から提言された特別課税案を，代表的なものに絞って整理しておく。結論を先取りすれば，復興国債の発行およびその償還財源のための増税は避けられないという見方が大半を占めたが，増税規模の見込みが難しいなか，財政再建や次世代負担への影響を考慮して比較的短い増税期間で，基幹税を中心にすることはおおよそ共通している。

大和総研（2011）は3月18日付の提言である。国の管理とする「東日本大震災復興基金」の創設にかかる「復興基金債」（復興事業充当を明確にした政府保証債）の発行に対する償還財源として「復興連帯税」があげられる。これは東西ドイツの統一の際に統一費用を連帯付加税で調達した例を参考にしており，「例えば，復興期間の3～5年間について消費税を1％引上げること」（3年で約7兆円，5年で約12兆円の財源確保）が想定されている。消費税であれば，「事業者は仕入れ税額控除の対象とすることで企業活動への悪影響を緩和することができ」，「認定された被災者に対しては事後的に還付を行うなど，被災者には負担を求めない仕組みとすることが適当」とする。なお，1991年度の湾岸戦争の拠出金負担のために設けられた「法人臨時特別税」をヒントにして，法人税や所得税への付加税も選択肢にあげられており，基幹税の総動員の性格もみられる。

NIRA政策レビュー（2011）における復興財源をテーマにした特集号で，伊藤元重は「すでにいろいろな所で取り上げられている案」と断ったうえで，復興債の償還財源として消費税の引上げを提言する。2013年度から3年間税率を8％としたうえで増税分を復興財源とし，そして，16年度から10％に引上げ，トータル5％の増税分は社会保障に活用することとする。要するに，復興増税をきっかけにして社会保障の財源に移行していく。消費増税が被災者にも負担となるか否かという論点に対して，「被災者には様々な形で支援が及ぶべきであるし，その財源が消費税となる」と述べ，「重要なことは全体で見て，被災者

への支援が届くということであり，消費税だけの負担の議論にすべきではない」と指摘する。これに対して，土居丈朗は所得税をあげる。消費税は基本的に社会保障給付の財源に用いることにし区別する。法人税は，「グローバル化する経済の中で日本企業の優位性を失わせてしまうので，絶対に避けるべきである」と主張する。

　同じ特集号で森信茂樹も執筆しているが，経済界の提言でも多くみられる消費税をことごとく批判している。伊藤のように，税率引上げ後に社会保障財源に移行する案に対しては，「国民から見て，哲学のない増税という印象を与えるのではないか」と喝破する。税率引上げには益税解消，インボイス，逆進性対策など山積する問題を乗り越える必要があり，短期でクリアできる論点ではないと指摘する。そのうえで所得税を優先させる形で所得税と法人税の付加税10％案（5年，10兆円規模）を提示する。大和総研（2011）のようにドイツ統合の際の「連帯付加税」をヒントにするものの，両案は大きく異なる。所得税は能力に応じて追加負担を求めることが可能であり，仕組みも簡素であるために，納税者や税務当局のコストが最小で済むと説明する。

　森信は同様の趣旨で数本の論文を公表しているが，拙論（2011）もそれにおおむね賛同して，所得税，法人税の10％付加税による臨時増税を中心とする税財源確保を提言している。最後に，拙論と同じ雑誌に掲載されている湖東論文も取り上げておく。それは内部留保のある特定の大企業に限定した，震災復興連帯税としての法人税の付加税と，消費税にかかる輸出企業に対する還付金制度の停止などを提言している。消費税を増税対象として論外とし，その本質的性質からそぐわないことを指摘する。所得税（付加税方式）も家計消費の減退や景気の後退の要因となると批判する。消費税について被災地への配慮を重視し，例えば「被災事業者には『災害減免法が適用されるから負担が緩和されるのではないか』と思っている人がいる。だが，所得税や法人税は所得がなければ課税されないうえ，所得税，相続税には減免措置や徴収猶予の措置が適用されるが，消費税には災害免除法の適用はない」，「実質的な税の減免措置はない」と述べる。

Ⅱ　特別課税に至る経緯

　復興特別課税の決定に至る経緯を確認する場合，東日本大震災復興対策本部（国）の「東日本大震災からの復興の基本方針」（2011年7月29日）において議論の場として明示され，実際に主導した政府税制調査会における議論の状況を整理しておく必要がある。政府税制調査会は「復興の基本方針」で財源確保に係る基本的な考え方として示された，「次の世代に負担を先送りすることなく，今を生きる世代全体で連帯し負担を分かち合うことを基本とする」ことを踏まえて，「具体的な税目，年度毎の規模等を組み合わせた複数の選択肢」を東日本大震災復興対策本部に報告する役割を担うことになった。9月16日の第9回税制調査会で「復興・B型肝炎対策財源作業チーム」から「複数の選択肢」が提示された際に，議論はピークを迎えるとともに，実質的な終了となる。以下，詳細に整理しておく。

　第7回（2011年8月4日）後の記者会見録をみると，社会保障目的で引上げが決まっている消費税も最初から選択肢から除外しないで検討するのかという記者の質問に対して，財務副大臣は「常識的に私の立場は，消費税は考えにくい」と，議論の早い段階で答えている。また第9回後の記者会見では大臣も私も決して積極的ではないという姿勢だったと応じている。なお，第3回（6月8日）の「社会保障と税の一体改革」を議題とした議論において内閣府副大臣が，消費税について大震災があっても，その前から税率を上げることになっていたので，実行するというコンセンサスがあるのかと質問したのに対して，野田佳彦財務大臣（当時）は「この震災が発災をする前から，税と社会保障の一体改革をやって，財政健全化のきちんとした道筋を付けるということは，この内閣でもやるべきことだったと思います。では，震災があったから，その状況が変わったのかというと，むしろ私はそれは強まっている」と答えている。

　第9回に「復興・B型肝炎対策財源作業チーム」は「復興の基本方針」を踏まえて<u>10兆円程度</u>（国税分）を前提とする「複数の選択肢」を提示したが，それは①所得税と法人に対する時限的な付加税とし，間接税に負担を求めないケースである。所得税は5年・年11％あるいは10年・年5.5％（税収計7.5～8.0

兆円），法人税は3年・年10％（計2.4兆円前後）の設定である。

　②基幹税（所得税，法人税）を中心にするが，個別間接税にも負担を求めるケースである。所得税は5年・年9.5％あるいは10年・年4％（税収計6.0～6.5兆円），法人税は3年・年10％（計2.4兆円前後），加えてたばこ税（または酒税，揮発油税等，計0.9～1.7兆円）である。

　③消費税の段階的引上げ分を復旧・復興費用に充当するケースであり，「6.3兆円/年（3％）×1.5年＝9.5兆円」とする。

　①～③のいずれも2011年度税制改正事項である所得控除等の見直し（0.1兆円/年×5年＝0.7兆円）が含まれ，地方税である個人住民税も対象となる。

　地方税における対応も0.8兆円程度の前提で算定されている。第一のケースとして，個人住民税均等割を年2,000円引上げ，5年間の措置期間とするか，あるいは年1,000円引上げ，10年間とする。また個人住民税に加えて地方たばこ税にも負担を求める第二のケースもあげられている。地方たばこ税を1本1円引上げ，その代わりに個人住民税均等割の引上げの程度を圧縮するということである。

　なお，選択肢の提示に向けた留意点として，次の4点があげられている。すなわち，①経済への配慮，②簡素な税制，③税制措置期間，④2011年度税制改正等との関係である。ここでは①のみ詳述すると，法人税は2011年度税制改正（法人税率の引下げおよび課税ベースの拡大）の実施を決めたうえで，現行より税率引下げとなる形で付加税を課す。また企業の国際競争力や産業空洞化防止の観点から，短期間（3年間）の措置とし，恒久減税の効果を早期に実現する。

　第9回と第10回の税制調査会の間に民主党税制調査会（役員会）が開催され，所得税と法人税を中心とし，たばこ税等を加える税制措置とした。ポイントは①社会保障と税の一体改革との関係（所得税・法人税），②雇用促進・経済成長戦略の観点（法人税），③所得税付加税を抑制する観点および健康の観点（たばこ税）である。措置期間は経済への配慮から，負担を抑制しつつ，できる限り早期に終了するために，10年を基本としつつ，法人税3年，地方税5年とする。実施時期は経済の復興状況や周知期間等に配慮し，法人税付加税（10％）は

2012年4月から，所得税付加税（4.0%，10年間）は13年1月から，個人住民税均等割の引上げ（500円/年）は14年6月から，たばこ臨時特別税（地方分とともに各々1円/本）等は12年10月からとする。また給与所得控除等の見直しによる増収分を財源として活用し，所得税は2012年から5年間，個人住民税は13年度から4年間とする。

こうした所得税と法人税を中心とする税制措置は10月7日に東日本大震災復興対策本部で了承され，「第3次補正予算及び復興財源の基本的方針」の閣議決定（同日）のなかに含まれる。なお，復興債は他の国債と区別して管理され，発行期間は集中復興期間（2011～15年度）の5年間とし，償還期間は22年度までとすることになった。しかし，いわゆるねじれ国会の下で法案が成立するまでの審議プロセスで大小いくつかの修正を迫られることになる。その詳細は次節で記述するが，主な修正点は所得税付加税の税率が引下げられ，措置期間が長くなり，またたばこ税が除外されたことである[1]。

Ⅲ　特別課税の仕組み

法にもとづく復興特別課税は表1のとおりである。所得税は「復興特別所得税」として25年間（2013年～37年），税額に2.1%上乗せする。増収見込額は7.3兆円（年2,900億円）である。毎年の増税幅の圧縮を求める自民党，公明党に配慮し，民主党は期間を15年間に延長することを提案していたが，両党からは50年間という主張もあり，最終的に25年間とすることで3党合意となった。結果的に，民主党税制調査会が決定した4.0%・10年間よりも納税者の負担は増し，所得税に負担増が集中する結果となっている。

法人税は「復興特別法人税」として課税される。これについては2011年12月公布の改正税法にもとづき法人税率が引下げられているために，税率等を理解することが必ずしも容易でないであろう。まずこの改正税法に限って言えば，普通法人は30%から25.5%に，中小法人は18%（本則22%）から15%（同19%）に引下げられている（2012年4月以降に開始する事業年度から適用）。そのうえで復興特別法人税ということになるが，その税率と通常の法人税率を合わせた税率は表2のとおりである。

東日本大震災に伴う特別課税と災害対策の課題

表1　復興特別課税

＜国税＞ ●復興特別所得税 　・税額に2.1％上乗せ 　・25年間（2013年1月から37年12月まで） ●復興特別法人税 　・税額の10％ 　・3年間（2012年4月から15年3月までの期間内で，最初に開始する事業年度から3事業年度） 　　→後に14年3月までの<u>2年間に変更</u>
＜地方税＞ ●個人住民税均等割 　・10年間（2014年度から23年度まで） 　・年1,000円引上げ（道府県民税500円，市町村民税500円） 　＊給与から天引きの特別徴収は6月から翌5月 ●個人住民税所得割 　・退職所得の10％税額控除の廃止 　・2013年1月から

（出所）国税庁ホームページ等より筆者作成。

　復興特別法人税は3年間で，2012年4月以降から始まる事業年度について各課税事業年度の基準法人税額に10％の税率を乗じて課税される。表2では「2013年3月期〜15年3月期」（3月決算法人の場合）の列に注目していただきたい。復興特別法人税がスタートしても，税率は改正前の税率よりも低い。改正税法に係る部分をみれば，税収はほぼ中立とされるが，それは所与のものとみなされていることから，増収見込額は付加税による2.4兆円（年8,000億円）ということである。

　ただし，復興特別法人税が1年前倒しの2013年度末で廃止されていることに注意しなければならない。つまり，2事業年度に変更されたのである。安倍政権としては経済対策の一環で実施し，企業が賃金を引上げやすい環境を整えて，経済の好循環につなげたい。確実に賃金上昇につなげられる方策と見通しを確認する。また2014年4月からの消費増税後の景気腰折れを防ぐために，企業の経済活動の活発化をサポートしたい。そのうえで，復興特別法人税の廃止に伴う代替財源は2013年度補正予算で補てんすることになっており，結果，前年度剰余金受入の形で実現した。

表2　通常の法人税率と復興特別法人税率を合わせた税率

	2012年3月期		2013年3月期～15年3月期		2016年3月期～	
		年800万円以下		年800万円以下		年800万円以下
普通法人	30%	—	28.05%	—	25.5%	—
中小法人	30%	22%《18%》	28.05%	20.9%《16.5%》	25.5%	19%《15%》*

（＊）租税特別措置法によりカッコ書きの税率が適用される。
（出所）中小企業基盤整備機構ホームページ。

　次に，消費税が対象外となった経緯について，ひとまず以下の事実だけを記述しておきたい。第9回税制調査会の直後の9月20日に東日本大震災復興対策本部第8回会合が開催されており，その議事録をみると，野田佳彦首相が特別課税について，消費税は「税と社会保障の財源として活用することが既に決まっていることから外していただくよう安住大臣に指示した上で，税制調査会で検討をいただき」と発言している。

　地方税から個人住民税の均等割が対象となり，2014年度から23年度までの10年間，年1,000円の引上げとなっている。増収見込額は6,000億円（年600億円）である。また個人住民税の所得割における退職所得の10％税額控除の廃止が2013年1月からスタートし，その増収分（1,700億円，年170億円）が充当されることになった。これは給与所得控除等の見直しと同様に，2011年度税制改正の対象であるが，それぞれの取扱いが異なる結果となった。また国税分を含めてたばこ税は対象にならなかった。民主党，自民党，公明党の3党協議という最終段階の審議においてそれは対象外となり，その減収分を埋めるために所得税と個人住民税の増収幅を拡大することにしたのである[2]。これは葉タバコ農家を支持基盤に抱える自民党の増税反対に配慮したことによる。

　政府税制調査会の資料から，地方税による対応の考え方をみると，「今回の東日本大震災のような未曾有の国難に際しては，地方税においても財源確保を検討することが必要」としたうえで，「復旧・復興事業19兆円程度のうち，全国の地方団体で行われることが予定されている緊急防災・減災事業の地方負担分等（0.8兆円程度）については，財源手当を国に依存するのではなく，地方税

において（中略）税制上の措置を講じることで，地方団体自ら財源を確保することが考えられる」ということである。

最後に，復興国債（復興債）の仕組みである。それは普通国債に分類され，従来から発行されている利付債であるが，資金の使途が大震災復旧・復興向けという点で異なる。復興債の償還期間は通常の国債のいわゆる「60 年償還ルール」を適用せず，2037 年度までの間に償還することになった。ここで注意を喚起しておきたいのは，国債保有者の多様化を目的にして，「個人向け国債」に政策的な重点が置かれ，また，PR 活動も積極的に行われ，その発行額が 3 兆円超に及んだことである。

Ⅳ 特別課税の評価

1 政府等における議論の特徴

本節では最初に特別課税を巡る政府・与党や政府税制調査会などの議論の主だった特徴を整理する。次いで大震災直後に主張されていた種々の特別課税案も踏まえて，特別課税の問題を明らかにする。

政府・与党等における一連の議論を整理すると，第一の特徴として，消費税は早々に特別課税の対象から外れていたことがあげられる。消費税は社会保障と税の一体改革にとって最も重要な増税対象とされ，その他に活用せず，使途の面で複雑にさせないことが強く意図されていた。そして，それにより財政健全化にも道筋をつけようとしていた。消費税は国民全体で広く負担を分かち合うことができる一方で，被災者の負担について配慮が難しいといった根拠づけができようが，こうした側面はそれほど重要視されていなかったと考えられる。消費税に限らず，経済成長に与える特別課税の影響は，当初はいわゆる「下押し効果（圧力）」が大きいが，中長期ではたいしたことはなく，さらに，税目によってそれほど大きな変化がないことがシミュレーションされていたことからすれば，消費税を対象外とするためのほぼ間違いない理由となる。

第二に，復興特別所得税の取扱いは復興特別法人税と大きく異なり，かつ大幅に変更され，「復興の基本方針」にそぐわない点もみられる。所得税の増税規模が著しく目立ち，将来世代，つまり 2011 年度時点で生まれていない子ど

もも負担する一方で，法人税の増税はそれほどでもなく，実質的に回避されているという見方もできる。税制措置期間を25年としたことにより，「今を生きる世代全体で連帯し負担を分かち合うことを基本とする」ことに反している。また税制措置は復興債の償還期間中に行うとしており，順守されることになったが，なかば無理矢理であった。

　第三に，法人税は「復興・B型肝炎対策財源作業チーム」の選択肢の提示から一切変更されずに法案成立に至った。選択肢の提示に向けた留意点がその全てを物語っている。2011年度改正に際して，課税ベースの拡大（減価償却資産の償却率の見直し，欠損金の繰越控除制度の見直しなど）とのセットとは言え，政府が法人税率（実効税率）の引下げにこだわったのは，企業の国際競争力や立地競争力の強化，雇用および国内投資の拡大を目指す点にあるが，そもそも先進諸国に比して実効税率が高すぎるとの認識を持っていたことによる。早期のさらなる法人税率の引下げには根強い反対もあり，与党税制調査会や財務省などからはとくに代替財源の確保が条件とされていた。代替財源の確保に時間を要するのであれば，時限的な措置である復興特別法人税の取扱いに焦点が当たるのである。

　その復興特別法人税が1年前倒しで廃止されたこともあげられる。そこには2011年度税制改正の中心だった法人税率の引下げ，つまり恒久減税の効果を早期に実現することへのある種の執念がみられる。結果，（黒字）法人の負担抑制に対する配慮は強まった。所得税等とのバランスから言えば，「復興の基本方針」における連帯や分かち合いの精神に反するし，公平感にも欠ける。世論調査にしたがえば，前倒し廃止は国民とくに被災者の理解はそれほど得られなかったし[3]，またロイター企業調査によれば，賃金上昇を十分に見込めなかった[4]にもかかわらずである。政府は賃上げの十分な見通しがないなかで決定しており，決定後に政労使会議をはじめ様々な場で賃上げの要請を繰り返しているが，企業の対応は鈍く，中小企業の対応あるいは非大都市圏の賃金動向に至っては非常に厳しいものだった。

　第四に，復興債の償還期間が2037年度まで延ばされた。2037年度では22年度と違って，「今を生きる世代全体で連帯し負担を分かち合うこと」との整合

性がつかないことは明らかである。というのも，それは復興特別所得税の措置期間に合わせたと言わざるを得ないことによる。そもそも2022年度であっても，「集中復興期間及び復興期間（16～20年度）を踏まえ」（「復興の基本方針」）たとは必ずしも言えない。

　第五に，地方税のうち個人住民税均等割が対象となったことについて，岩手，宮城，福島3県をはじめ被災地域の市町村でも徴収することになり，また被災地以外における増収分は被災地の復旧・復興事業に回せるわけではない。法律上の使途の制限はなく，またいわゆる「国と地方の協議の場」を経たものの，地方財政（の歳入出）をしばることになっている。個人住民税均等割の引上げによって，「全国的にかつ，緊急に地方公共団体が実施する防災施策」（緊急防災・減災事業）を全国一斉に講じなければならない状況が生まれており，被災市町村は言うまでもなく，その他の市町村からも疑問が提示されている。「復興・B型肝炎対策財源作業チーム」の選択肢の提示に向けた留意点にも地方税に関する記述はみられず，既定路線として位置づけられていたと言わざるを得ない。

　第六に，「復興の基本方針」において集中復興期間の復旧・復興事業費の規模は「少なくとも19兆円程度」とされていたが，安倍政権下で25兆円に増額修正され，2015年度末には25兆円を超えることは確実視されている。安倍政権は増税なしで財源確保に取り組んでいるが，第二弾の増税では国民の理解が到底得られないことによる。ここには政治的な背景や国民意識の変化があるかもしれない。こうしてさらなる特別課税なしで，それなりに財源を捻出することができている点では，それはそれとして通常の国の財政運営に関して議論の余地を残すことになろう。

2　特別課税の問題

　ここでは特別課税の問題を明らかにする。第一に，特別課税の対象として所得税と法人税が選択され，付加税としたことは妥当である。消費税のように，被災地域の住民や企業にくまなく課税するのではなく，税負担能力に応じ，広く薄く負担を求めることができる。付加税であれば，復興にかかる資金需要に

応じ，税率を柔軟に設計することが可能であるとともに，国民（納税者）にとって税金計算が簡単で，納税意識も強くあらわれ，さらに税務執行コストがかからないという大きなメリットがある。

ただし，次の重大な問題が発生している。①復興特別所得税が税収源として過大な役割を担わされ，措置期間も復興特別法人税に比して長かったうえに，大幅に延ばす形で変更され，「今を生きる世代全体で連帯し負担を分かち合うこと」ができない。結果として，税財源負担を巡って言われてきた連帯・協力，分かち合いが偏った形であらわれ，なかば空文化したことは反省されなければならない。租税論の観点から法人擬制説が重視される結果となったが，この点でも小さくない欠陥があると言わざるを得ない。そもそも「復興の基本方針」では「世代」という用語しか使われていないのである。

②復興特別所得税の措置期間は負担の平準化を名目にして大幅に延ばす形で変更されたが，実質的に恒久増税である。復旧・復興事業の多くはいわゆるインフラ整備であり，その大部分はハード，例えば公共施設（ハコモノ）や道路，港湾などの整備である。この「ハード」は新設よりも維持・修繕の方が多額の費用を要し，将来世代はその負担を背負うことになる。この点は財政学・地方財政学あるいは地方自治体の実務の世界では常識であり，将来世代にさらなる負担がのしかかることは避けなければならなかった。

第二に，社会保障費の財源確保の手段として消費税以外には考えられないメッセージを国民に対して発信するにあたって，復興特別課税の対象を所得税，法人税とし，消費税を残すという非常にわかりやすい図式にすることは，政府にとっていわば追い風として格好の素材であった。復興特別課税という初のケースは大災害頻発国の日本の災害財政にとって歴史的意義を持つが，社会保障費の増大が長期にわたって避けられないことから，今後の大災害においても，「復興の財源の大半を所得税とし，社会保障費の財源を消費税とする」構図が繰り返し利用されるとすれば，いわば「日本独特のルール」が設定されることになりかねない。これが非常に危険であることは明白である。

このことは復興債についても言える。今回，それは「個人向け」に重点が置かれているために，この限りでは，企業（法人）は引受け先となっていない。

こうした企業の除外が先例となることは重大な論点を提起することになる。すなわち，復興債の主たる償還財源として復興特別所得税はふさわしく，復興特別法人税はそうでないということになれば，その対象（構成）も既定することになりかねない。この点は管見の限り，先行研究やメディアなどで全く取り上げられていないので，警鐘を鳴らしておきたい。

　第三に，地方税における緊急防災・減災事業を名目とした特別課税が本当に必要だったのか大いに疑問が残る。この点を研究対象にして分析，評価を行っている論文はほとんどないが，それに該当する青木（2013）では激しく批判されている[5]。宮入（2012）はその点について分析しているわけではないが，特別課税の全体を捉えたうえで，「庶民には所得税と個人住民税の大幅増税を押しつけようとする欺瞞的な大衆増税の典型といってよい」と徹底的に批判している。地方税における特別課税は国税のそれよりも目立たない存在ではない。増収見込額だけで比較してはならない重大な要素がある。すなわち，大災害時であっても何ら変わらない，「国が率先して実施しているので，地方も実施すべきである」といったような根拠なき（根拠薄き）「道連れ」である。分権や自治の点からみれば深刻な問題を抱えている。

　第四に，政府が検討している2016年度から20年度までの復興予算を裏付ける財源の内訳が15年6月1日現在，以下のように明らかになった（表3）。すなわち，5年間で復興事業に6兆円程度を追加投入するが，追加増税はせず，景気回復による復興増税の増収分1.8兆円のほか，2014・15年度予算の使い残しなどで賄う。2017年4月に消費税率10％への引上げを控え，国民にさらなる負担を求めるのは難しいと判断した。政府は2013年に日本たばこ産業株式の一部を売却したが，想定を上回った売却額の増加分5千億円も充てる。これに対して，JT株の追加売却は見送る。こうして財源がさらに確保されることから言えば，政府の努力や工面に一層期待することができる一方で，復興特別税の付加税率や措置期間などを再検討するか，あるいは分権や自治の観点から復興財政運営を見直す余地が出てくるのではないだろうか。

まとめ

　本稿では，特別課税を巡る諸提言，特別課税の実施に至る経緯とその仕組みを順に整理した。そして，政府等における議論の主な特徴，特別課税の問題を明らかにした。

　以上のことから復興財政の課題に対する政策的な示唆を得ることができる。優先すべき順で言えば，第一に，増税以外の方法で財源を捻出できるので，その分，復興特別所得税の措置期間を短縮するか，あるいは個人住民税均等割の引上げを終了する。それ以外にも，復興特別法人税を復活させることも一考に値する。大震災以降の国の財源確保策をみれば，財源確保のための努力はある程度評価されるべきであるが，他方で，努力で説明する必要のない，その余地の潜在的な大きさを知らしめる結果となっている。

　第二に，分権・自治の点から，被災自治体の財源となる東日本大震災復興基金を増やすための国による財源措置（特別交付税措置）を早期に拡充する。例えば，岩手県における復興基金の規模は2011年度から13年度までの震災対応財政の2％弱にすぎない。また岩手県に限らず，被災自治体に対する復興基金のための財源措置は2013年度以降行われていない。なお，復興基金の政策的な有効性が高いことは，様々な立場から過去のケースも踏まえて実証されている。

　最後に，特別課税の根本にかかわる点に言及しておきたい。第一に，恒久的な基金制度を国，都道府県，市町村レベルで義務化して早期に創設し，大災害に迅速にかつ効果的に対応できるようにし，また特別課税を余儀なくされる場合も，最小限に抑えられるようにする[6]。そうすれば，これまでのように復興基金を大災害ごとの特例措置として設定しなくてもよいし，今回のように特別課税をきわめて大きな規模で行わなくてもよい。近い将来の発生が予想されている首都直下地震や南海トラフ地震などの大規模な災害に対しては，そうした新システムをもって対応すべきである。

　第二に，災害対策の基本である予防対策を格段に強化し，とくに土地利用を強力に規制，誘導し，開発や建築の禁止・制限等で着実に実績をあげていく。宮入（2013など）は国の防災予算の低い優先順位と予防対策の軽視，国土保全

表3　2011～15年度および2016～20年度の復興財源（国）のイメージ

(兆円)

財源		歳出	
2011～15年度		2011～15年度	
合計	26.3	合計	25.5
日本郵政株の売却益	4.0	住宅再建・復興まちづくり	10.0
復興特別課税	10.5	原子力災害からの復興・再生	1.6
過去に余った予算など	3.3	産業の再生	4.1
歳出削減や税外収入など	8.5	被災者支援（健康・生活支援）	2.1
		その他	7.8
2016～20年度		2016～20年度	
合計	6.5	合計	6.5
一般会計からの繰入，税外収入	3.2	住宅再建・復興まちづくり	3.4
復興特別所得税の増収分	1.2	原子力災害からの復興・再生	0.5
復興特別法人税の増収分	0.7	産業の再生	0.4
JT株の売却収入増	0.6	被災者支援（健康・生活支援）	0.4
2014・15年度の復興予算の使い残し	0.8	その他	1.7

(注) 2011～15年度の財源の合計26.3兆円のうち0.8兆円は16年度以降の使用を想定している。
(出所) 岩手日報2015年6月16日付，河北新報2015年6月25日付等より筆者作成。

投資偏重を早くから指摘し，経済成長型の土地利用の見直しにも言及してきたが，大災害を経験した地域でないと規制等が進まないことが多い。国や地方自治体，民間企業，研究機関は連携，協力し，先進諸国のケースを学び，法制度も見直しながら，大災害に応じた地域の危険度別マップ（政府認証版）を作成，改良し，それにもとづき土地利用政策を実施したり，災害保険，民間融資のシステムを構築したりする。地域社会・経済からみた予防の重要性は，大災害後に人口の大幅減少や高齢化の加速という代償を払ってきた過去の経験から明白である。ここまで踏み込めば，予防対策の強化にかかわって復興庁を再編し，災害対策を正面に掲げ，権限・財政面を強化した常設の官庁を創設することも一考に値する。このように予防を徹底すれば，大災害時に復旧・復興コストの増大を大幅に抑制し，また「自助（自己責任）」を強調することができるのではないか。なお，岩手県は増田寛也知事時代の2006年度に「がけ崩れ危険住宅移転促進事業」をスタートしたが，それを口実に集落再編成を強引に進めるの

ではないかと批判されたことがあり，ここから地域住民・企業等との対話の積み重ねや信頼関係の構築が不可欠であることが示唆される。

＊本稿の作成にあたって，内山昭氏（成美大学学長）および中村芳昭氏（青山学院大学教授）から貴重なコメントをいただきました。ここに記して感謝を申し上げます。

参考文献

青木宗明（2013）「『地方増税』と分権の再定義」（『地方財務』No. 703，ぎょうせい）。
伊藤隆敏・伊藤元重（2011）「持続可能社会へ市場活用—震災復興政策　経済学者が共同提言—」（日本経済新聞 2011 年 5 月 23 日付）。
伊藤元重（2011）「消費税率に踏みこまざるを得ない。所得税，相続税も見直す。復興財源を確保し成長戦略を加速」（寺島実郎他『震災からの経済復興 13 の提言』東洋経済新報社）。
熊澤通夫（2011）「復興税構想と抜本税制改革」（『税制研究』第 60 号，税制経営研究所）。
桒田但馬（2011）「大震災復旧・復興に関する歳入歳出一体議論と税財源確保のあり方」（『税制研究』第 60 号，税制経営研究所）。
国土交通省国土交通政策研究所（2011）「水害に備えた社会システムに関する研究」。
湖東京至（2011）「復興財源に消費税増税は論外」（『税制研究』第 60 号，税制経営研究所）。
﨑山健樹（2012）「18 兆円に達した東日本大震災の復旧・復興経費」（『立法と調査』No. 329，参議院事務局企画調整室）。
佐藤主光・小黒一正（2011）『震災復興』日本評論社。
自治税務局（2012）「第 179 回国会及び第 180 回国会における地方税に関する主要な論議について」（『地方税』第 63 巻第 10 号，地方財務協会）。
大和総研（2011）「未曾有の大震災からの復興へ『復興基金』と『復興連帯税』の創設を提言する」。
竹原憲雄「『地震国』税制の要件」（『税制研究』第 60 号，税制経営研究所）。
長野県地方税制研究会（2011）「復興増税に対する意見」。
日本商工会議所（2011）「震災復旧・復興に向けた税制措置について」。
NIRA 政策レビュー No. 52「復興財源を考える」（2011）・森信茂樹氏，土居丈朗氏の論文など。
宮入興一（2012）「震災復興と税財政」（日本租税理論学会編『大震災と税制』法律文化社）。
宮入興一（2013）「災害と地方財政」（重森曉・植田和弘編『Basic 地方財政論』有斐閣）。

注

1) 﨑山（2012）によれば，「第 3 次補正予算の審議と並行して復興財源等についての 3 党（民主党，自民党，公明党）協議が進められ，まず，11 月 8 日に復興債の償還期間について，政府案の 10 年から 25 年に延長することで合意し，10 日には，復興財源の税制措置

の税目からたばこ税を外した。その際，所得税について，付加税を 2.1%（平成 25 年 1 月から 49 年 12 月まで），また，個人住民税について，①均等割の引上げを年 1,000 円（26 年 6 月から 36 年 5 月まで），②退職所得の 10%税額控除を廃止（25 年 1 月から）として，たばこ税の減収分を埋めるために所得税と個人住民税による増収幅を拡大した」。

2) 自治税務局（2012）によれば，国会において地方たばこ税を対象から外して個人住民税均等割の引上げを 10 年間，年 1,000 円とした理由を問われ，「基本的には，可能な限り幅広く，薄くということになりますので，そういう観点で税を選ぼうということ」，「より多くの方々から，広く住民の方に負担をお願いしているということ」と答弁されている。

3) 河北新報 2013 年 10 月 3 日付では共同通信社が 10 月 1・2 日に実施した全国緊急電話世論調査の結果があげられており，それによると，復興特別法人税の前倒し廃止に「反対」が 65%で，「賛成」の 24%を大きく上回っていた。東北地方においては「反対」は 74%に及んだ。

4) 2013 年 10 月に実施されたロイター企業調査によると，復興特別法人税が前倒し廃止となっても，その分のキャッシュフローを賃金に振り向ける企業は 5%にとどまり，雇用人員の増強に充てる企業も 5%と少なかったことが明らかになった。日本経済新聞社が 10 月 1 日に実施した経営者緊急アンケートでは「人件費の拡充」は 23.6%で，最多回答の「国内への設備投資」34.1%に比して大きな開きがあった（複数回答可）。なお，管見の限り，経済界は必ずしも前倒し廃止を強く要望してきたわけではなかった。

5) 青木（2013）では地方税に対する特別課税について，「より根本的な疑問は，その使途が被災地の復興事業ではなく，各自治体の行う防災・減災事業とされていることである」とし，「復興事業だと言い張って恥ずかしくないのだろうか」，「政治家や官僚の思考回路と神経を疑うしかない」，「復興詐欺としかいいようがない」と述べられている。また長野県地方税制研究会（2011）でも強烈に批判されており，細部にわたっていることが特徴である。例えば，「『個人住民税の退職所得 10%税額控除廃止』を含めたのは明らかに単なる数字合わせにすぎないばかりか，復興増税の意味や地方が協力する仕組みを余計に分からなくしてしまっていると言わざるをえない」というのがそれである。

6) 日本では「大災害頻発国」でありながら，災害（災害救助・復旧等）に備えて事前に積み立てるという特定目的の基金を国は設置していない。地方自治体レベルでは災害救助法にもとづき災害救助基金が都道府県で設置されているが，微々たる規模であり，秋田県のようにその 6 割を物資で代替しているケースもある。

日本租税理論学会規約

(1989年12月9日　制定)
(2002年11月16日　改正)
(2011年11月12日　改正)

第1章　総則

第1条　本会は、日本租税理論学会（Japan Association of Science of Taxation）と称する。

第2条　本会の事務所は、東京都に置く。

第2章　目的及び事業

第3条　本会は、租税民主主義の理念に立脚し、租税問題を関連諸科学の協力を得て総合的・科学的に研究することを目的とする。

第4条　本会は、前条の目的を達成するために、左の事業を行う。
　1　研究者の連絡及び協力促進
　2　研究会、講演会及び講習会の開催
　3　機関誌その他図書の刊行
　4　外国の学会との連絡及び協力
　5　その他理事会において適当と認めた事業

第3章　会員及び総会

第5条　本会は、租税問題の研究にたずさわる者によって組織される。

第6条　会員になろうとする者は、会員2人の推薦を得て理事会の承認を受けなければならない。

第7条　会員は、総会の定めるところにより、会費を納めなければならない。3年の期間を超えて会費を納めない場合は、当該会員は退会したものとみなす。

第8条　本会は、会員によって構成され、少なくとも毎年1回総会を開催する。

第4章　理事会等

第9条　本会の運営及び会務の執行のために、理事会を置く。
　理事会は、理事長及び若干人の理事をもって構成する。

第10条　理事長は、理事会において互選する。

理事は、総会において互選する。

第11条　理事長及び理事の任期は、3年とする。但し、再任を妨げない。

第12条　理事長は、会務を総理し、本会を代表する。

第12条の2　理事会内に若干人の常任理事で構成する常任理事会を置く。任期は3年とする。但し、再任を妨げない。

第13条　本会に、事務局長を置く。事務局長は、理事長が委嘱する。

第14条　本会に、会計及び会務執行の状況を監査するために、若干人の監事を置く。監事は、総会において互選し、任期は3年とする。但し、再任を妨げない。

第14条の2　理事会は、本会のために顕著な業績のあった者を顧問、名誉会員とすることができる。

第5章　会　計

第15条　本会の会計年度は、毎年1月1日に始まり、その年の12月31日に終わるものとする。

第16条　理事長は、毎会計年度の終了後遅滞なく決算報告書を作り、監事の監査を経て総会に提出して、その承認を得なければならない。

第6章　改　正

第17条　本規約を改正するには、総会出席者の3分の2以上の同意を得なければならない。

　　附　則

第1条　本規約は、1989年12月9日から施行する。

日本租税理論学会理事名簿

[* は常任理事会構成理事]
[○ は名誉教授]

(2015年11月現在)

理　事　長	鶴田　廣巳（関　西　大）
事務局長	髙沢　修一（大東文化大）

理　　　事

〔財政学〕
- ○安藤　実（静　岡　大）　岩波　一寬（中　央　大）
- 植田　和弘（京　都　大）　内山　昭（京都・成美大）
- *梅原　英治（大阪経済大）　後藤　和子（摂　南　大）
- 坂野　光俊（立　命　館　大）　篠原　正博（中　央　大）
- 関野　満夫（中　央　大）　*鶴田　廣巳（関　西　大）
- 宮入　興一（愛　知　大）

〔税法学〕
- *阿部　德幸（日　本　大）　新井　隆一（早　稲　田　大）
- 石村　耕治（白　鷗　大）　伊藤　悟（日　本　大）
- 浦野　広明（立　正　大）　小川　正雄（愛知学院大）
- *黒川　功（日　本　大）　小池　幸造（税　理　士）
- 湖東　京至（税　理　士）　田中　治（同　志　社　大）
- 千葉　寬樹（札幌学院大）　*中村　芳昭（青山学院大）
- *浪花　健三（立　命　館　大）　水野　武夫（立　命　館　大）
- *望月　爾（立　命　館　大）

〔税務会計学〕
- 朝倉　洋子（税　理　士）　浦野　晴夫（元立命館大）
- 大江　晋也（名古屋経済大）　粕谷　幸男（税　理　士）
- 菊谷　正人（法　政　大）　髙沢　修一（大東文化大）
- 富岡　幸雄（中　央　大）　*長島　弘（立　正　大）
- 山本　守之（千葉商科大）

監　　　事　小山　登（LEC会計大学院）　小山　廣和（明　治　大）

事務所所在地　〒175-8571　東京都板橋区高島平1-9-1
大東文化大学経営学部髙沢研究室内
日本租税理論学会
（郵便振替　00110-9-543581　日本租税理論学会）

租税理論研究叢書 26

平成28年9月28日　初版第1刷発行

中 小 企 業 課 税

編　者　日　本　租　税　理　論　学　会
発行者　日　本　租　税　理　論　学　会

〒175-8571　東京都板橋区高島平1-9-1
　　　　　　大東文化大学経営学部髙沢研究室内

発売所　株式会社　財経詳報社

〒103-0013　東京都中央区日本橋人形町1-7-10
電　話　03（3661）5266（代）
ＦＡＸ　03（3661）5268
http://www.zaik.jp
振替口座　00170-8-26500

落丁・乱丁はお取り替えいたします。　　　　　　印刷・製本　創栄図書印刷
©2016　　　　　　　　　　　　　　　　　　　　Printed in Japan 2016
ISBN 978-4-88177-431-1

租税理論研究叢書

日本租税理論学会編　　　各A5判・150～250頁

20　社会保障と税制　　●3600円

消費税引き上げ論議や最小不幸社会論が喧伝されるなか，これからの日本の社会像にとって不可欠のテーマである社会保障と税制のあり方を検討。年金財源論からベーシック・インカム論まで，総合的に考察する。

21　市民公益税制の検討　　●3700円

税制の改正および公益法人制度改革関連3法による新制度移行にともない，財政学・税法学・税務会計学の3分野から総合的にアプローチする。「税制調査会納税環境整備PT報告書に対する意見書」も採録。

22　大震災と税制　　●4200円

税財政による災害復興制度は，震災被害からの復旧・復興をどのように支え，またどのような課題を抱えているのか。その現状と課題を示し，今後の展望を理論的・実証的に検討する。

23　税制改革と消費税　　●4200円

社会保障の安定財源を確保する観点から，消費税率の引上げを柱とする税制改革が進められようとしている。財政学，税務会計学，税法学の研究者と実務家らが，消費税の宿罪ともいえる様々な難点を徹底的に討議する。

24　格差是正と税制　　●4500円

世界各国における所得格差の拡大と貧困の累積についての実態が明らかにされるなか，その是正に果たす税制の役割について検討。諸氏の問題提起論文と討論を収録。

25　国際課税の新展開　　●2800円

リーマン・ショック後の国際課税制度，居住地国課税原則をめぐる社会変化，電子商取引と国際二重課税，租税条約適用の問題点，グローバル化の中での我が国の対応，通商的側面からの消費税，BEPSと国際課税原則などを掲載。

表示価格は本体（税別）価格です　　10号～19号のバックナンバーもございます